Runas de las Brujas Avanzado

While every precaution has been taken in the preparation of this book, the publisher assumes no responsibility for errors or omissions, or for damages resulting from the use of the information contained herein.

RUNAS DE LAS BRUJAS NIVEL AVANZADO

First edition. June 26, 2021.

Copyright © 2021 Juan Marcos Romero Fiorini.

ISBN: 979-8224910410

Written by Juan Marcos Romero Fiorini.

Por Juan Marcos Romero Fiorini y Ana María Martínez Rocha

1

<u>INDICE</u>

Introducción......4

Capitulo I 5

Correspondencias de las Runas 5

Runa del Sol 8

Runa de la Luna 10

Runa de los Anillos 10

Runa de las Lanzas Cruzadas 12

Runa de la Mazorca de Maíz 14

Runa de la Cicatriz o la Oz 16

Runa de la Serpiente o las Olas 18

Runa de las Aves 20

Runa de El Ojo 21

Runa de La Mujer 23

Runa de El Hombre 29

Runa de La Estrella 34

Runa de El Romance 35

CAPITULO II 38

Comportamiento de las Runas en la Lectura

Como Runa de Inicio 38

El Sol 38

La Luna 39

Los Anillos 40

Las Lanzas Cruzadas 40

La Mazorca de Maíz 41

La Cicatriz o la Oz 42

La Serpiente o las Olas 42

Las Aves 43

El Ojo 44

La Mujer 45

El Hombre 46

La Estrella 47

El Romance 47
Como Runa de Conclusión 48
El Sol 48
La Luna 49
Los Anillos 50
Las Lanzas Cruzadas 51
La Mazorca de Maíz 52
La Cicatriz o la Oz 53
La Serpiente o las Olas 55
Las Aves 56
El Ojo 57
La Mujer 58
El Hombre 59
La Estrella 60
El Romance 61
CAPITULO III 62
Formato de lectura
Lectura de la Runa Diaria o Única 62
Lactura de Runas por si o no 62
Lectura de Momento Actual 66
Lectura de Infidelidades 68
Como detectar Brujería en una Lectura 71
CAPITULO IV 75
Trabajo espiritual: Runas y Velas
CAPITULO V 86
Limpieza y carga de las Runas
Runas de las Brujas y su uso en Sigilos 91
Diferentes Formas de Grabado 96

INTRODUCCIÓN

Esta entrega es la segunda parte del libro "Runas de las Brujas", donde hablamos sobre cómo crear el oráculo, consagrarlo, significado de cada Runa, como realizar lecturas de forma tradicional y con formatos específicos.

En esta ocasión vamos a tocar temas específicos fundamentales para todo practicante de este oráculo.

Primeramente, recorreremos las 13 Runas ampliando el conocimiento de cada una de ellas para poder utilizarlas no solo como oráculo sino también para la práctica de la magia, para lo cual se brindan sus correspondencias: con elementos, planeta, color de vela, incienso, deidades, hierbas, gemas, día de la semana en que pueden trabajar con ellas.

Además, nos adentraremos aún más profundo en la interpretación de lectura viendo cómo se comporta cada Runa en la posición de "inicio" y "conclusión" en las lecturas. También veremos cómo realizar formatos para consultas específicas como "Lectura de romance y infidelidades", "Lecturas por preguntas directas por sí o no", "Lectura completa del momento actual de vida" y además algo que resulta fundamental que es como detectar los trabajos mágicos o brujería con las Runas Bruja.

En el área de prácticas mágicas, veremos cómo realizar una limpieza de nuestras Runas Brujas y como estas puede ser utilizadas en la creación de sigilos. Además, veremos cómo trabajar nuestra parte espiritual a través de la práctica de velas y el simbolismo de cada Runa.

CAPITULO I

Correspondencias de las Runas

Runa del sol

Elemento: El elemento relacionado con la runa del sol es el elemento fuego, el cual tiene el poder de transmutar y potenciar la fuerza interna alimentando así la autoconfianza. El fuego como la runa del sol estimula el avance frente a distintas situaciones que el consultante necesite desarrollar y lograr el éxito.

Día de la semana: El domingo día en el que se encuentra regente el sol.

Signo del zodiaco: El signo de leo se caracteriza por reflejar vitalidad, creatividad, independencia y seguridad, atributos que comparte con la runa de sol que se eleva como este signo con gran fuerza para alumbrar sobre todos los propósitos o área de la vida.

Planeta: El Sol está relacionado a esta runa como representación de la energía del yo, así como identidad básica, el poder la voluntad, el reconocimiento y el desarrollo de los propósitos en la vida.

Color de vela: Amarilla o dorada

Inciensos: Bergamota, Canela, Ruda, Romero, Sándalo, Benjuí, Copal, Incienso

Deidades: Ra, Freyr, Tonatiuh, Amateras, Sury, Apolo, Shamash, Inti, Magec, Sue, Shams, Tokapcup-kamuy, Mārīcī, Shapash, Al-lat, Belenus, Sunna.

Hierbas relacionadas con la runa del sol:
Acacia
Achicoria
Anacardo
Angélica
Arroz
Avellano
Azafrán
Benjuí
Bromeba
Caléndula
Camomila
Canela
Cedro
Cidra
Clavel
Copal
Crisanto
Datilera
Enebro
Eufrasia
Fresno
Ginseng
Girasol
Goma arábiga
Incienso
Lima
Mandarina
Muérdago
Naranja
Nuez
Peonía

Piña
Roble
Romero
Ruda
Sándalo
Serbal
Sésamo
Té

Piedras relacionadas a la runa del sol

Pirita: El nombre pirita procede del vocablo griego "pyr" que significa fuego, es un mineral común que hace parte de los sulfuros, con fórmula química FeS2. La pirita nos ayuda a incrementar la energía permitiendo el éxito en las distintas situaciones en las que se necesite. Así mismo permite el desbloqueo y la expansión, características que comparte sin lugar a dudas con la runa del sol.

Rubí: El Rubí pertenece al sistema de cristalización trigonal y al grupo de los óxidos.

La relación que presenta el rubí con la runa del sol es que este mineral transmuta las energías negativas aportando un estado de positivismo y valentía para alcanzar los objetivos.

Runa de la luna

Elemento: El elemento relacionado con la runa de la luna es el elemento agua. Esta asociación se debe al poder de intuición y misterio que comparten, a su vez el agua se caracteriza por el atributo de la fluidez que se ve reflejada en la energía de cambios reinante en la runa.

Día de la semana: El lunes día en el que esta regente la luna.

Signo del zodiaco: Cancer, el cuarto signo del zodiaco conocido por su naturaleza emocional, comparte con la runa de la luna la intuición y la percepción para detectar las emociones. Cancer, al estar regido por la luna presenta una energía relacionada a la maternidad, que lo lleva a ser protector, provocando en sí mismo, como en esta runa la necesidad de poner atención y nutrición en los propósitos que se desean alcanzar en todos los ciclos para provocar finalmente su máximo potencial de desarrollo.

Planeta: Indudablemente el astro relacionado a esta runa es la luna, la naturaleza cíclica que presentan ambas nos permiten reconocer el poder de cambio reinante en ambas energías.

Color de vela: Blanca o plateada

Inciensos: Sándalo, jazmín, mirra

Deidades: Selene, Artemisa, Maní, Luna, Diana, Chandra, Andrómeda, Arawa, Coyolxauhqui, Heng-o, Ix Chel, Mawu, Nanna, Sina, Sin, Mama Quilla, Tsukuyomi, Chía, Juno, Morgana

Hierbas relacionadas con la runa del sol:

Algodón

Amapola

Calabaza

Camelia

Coco

Eucalipto

Gardenia

Jazmín

Lechuga

Limón

Lirio

Loto

Malva

Melisa

Mirra

Papa

Repollo

Sándalo

Sauce

Uva

Verdolaga

Piedras relacionadas a la runa de la luna

Selenita: La selenita es una variedad de yeso, la cual pertenece al sistema de cristalización monoclínico y está clasificado dentro del grupo de los sulfatos. Etimológicamente su nombre procede del griego de Selene, la Diosa griega de la Luna, puesto que esta produce un tipo de reflexión, que provoca un brillo perlado idéntico a la luz lunar.

El aspecto antes mencionado es el que permite reconocer la relación de la runa de la luna con dicho cristal, el cual a su vez puede acompañarlos en los cambiantes ciclos que se puedan presentar propinando claridad mental, limpiando el aura de acumulación de energía negativa, tanto en el cuerpo físico como en el energético.

Piedra luna: Pertenece al sistema triclínico y clasificado en el grupo de los silicatos. Igualmente pertenece al grupo de los feldespatos encontrándose en rocas plutónicas, pegmatitas y vetas metamórficas e hidrotermales. La relación que tiene con la runa de la luna deriva de ser conocida como una piedra muy reflexiva, que nos recuerda que todo lo que acontece en nuestras vidas hacen parte de un ciclo que nos lleva al cambio y en el proceso puede asistirnos para calmar las emociones en estas fases.

Runa de los anillos

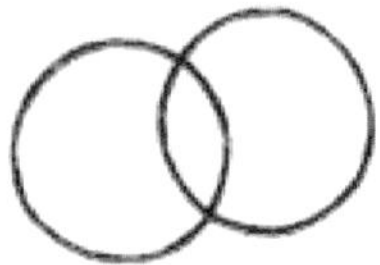

Elemento: El elemento agua se encuentra relacionada a la runa de los anillos debido a la relación que este presenta con el mundo de las emociones y las relaciones.

Día de la semana: El viernes día en el que se encuentra regente el planeta venus.

Signo del zodiaco: La correspondencia que presenta libra con la runa de los anillos es que para este signo es muy importante las relaciones con los demás, ya que esto le ayuda a definirse a sí mismo produciendo una energía de confort y plenitud. Libra y la runa de los anillos reconocen la prioridad de la diplomacia, el tacto, el compromiso y la empatía.

Planeta: Hablar de Venus es sinónimo de relaciones, aspecto relacionado a los anillos con el que comparte el potencial de afinidad e de intimidad con los demás, al igual que la capacidad de la persona de relacionarse consigo misma.

Color de vela: Rosa

Inciensos: Manzana, violeta, lila, Iris

Deidades: Epona, Freyja, Venus, Tamuz, Erzulie, Afrodita,

Hierbas relacionadas con la runa de los anillos

Abedul

Alfalfa

Arrayán

Avena

Banana

Cardamomo

Cebada

Centeno

Ciruela

Ciruelo silvestre

Damasco

Durazno

Hibisco

Hierba gatera

Jacinto

Lirio azul

Llantén

Maíz

Nardo

Palta

Pera

Sauce

Saúco

Tomate

Tomillo

Tulipán

Valeriana

Violeta

Piedras relacionadas a la runa de los anillos

Cuarzo rosa: Es una variedad de cuarzo y pertenece al grupo de los óxidos, con fórmula SiO_2, haciendo parte igualmente al sistema de cristalización trigonal. Este cuarzo representa al amor incondicional y la paz infinita. Se le ubica en el chakra corazón puesto que este enseña la verdadera esencia del amor para ser transmitida en las distintas relaciones en todas las áreas de nuestra vida.

Ágata rosa: El ágata rosa proviene de la familia de las calcedonias y proceden de las rocas volcánicas. Esta piedra funciona estimulando los sentimientos de compasión, amor, ternura generados por la inteligencia emocional para ser aplicada en las relaciones con los demás, características que se ve reflejada en los anillos, runa con la que comparte esta energía.

Runa de las lanzas cruzadas

Elemento: El elemento Fuego se relaciona con la energía de las lanzas cruzadas ya que ambos presentan el poder del avance, la expansión y de la fuerza.

Día de la semana: El martes día en el que esta regente el planeta marte.

Signo del zodiaco: Aries presenta cualidades de líder, energía independiente, activa y alta capacidad para la competencia aptitudes que se combinan a la perfección con el simbolismo de la runa de las lanzas cruzadas. Aries y esta runa nos hablan acerca de la necesidad de identificar objetivos que perseguir y en los que invertir energía, al igual que el espíritu de guerrero y valor frente a los desafíos.

Planeta: Este planeta se caracteriza por impulsar la búsqueda de lo queremos, lo deseamos conquistar, la forma en que luchamos por ellas y el cómo nos autoafirmamos, energías que comparte con las contenidas en la runa de las lanzas cruzadas.

Color de vela: Roja

Inciensos: Pino, Albahaca, Sangre de dragón

Deidades: Marte, Odín, Astarté, Ares, Thor, Montu, Huitzilopochtli, Kali, Rhiannon

Hierbas relacionadas con la runa del sol

Ajo

Anémona

Cactus

Cardo

Cardo santo

Cebolla

Culandrillo

Genciana

Jengibre

Lúpulo

Mostaza

Ortiga

Pimienta

Pimienta de chile

Pimienta inglesa

Póleo

Rabanito

Tabaco

Yuca

Zanahoria

Piedras relacionadas a las lanzas cruzadas

Ojo de tigre: El Ojo de Tigre es una mezcla de varios minerales: Cuarzo, Limonita y Riebeckita. Ayuda resolver dilemas y conflictos internos. Permite tratar problemas de autoestima, autocrítica y bloqueos de creatividad.

Cornalina: La cornalina es una piedra que pertenece al grupo de las calcedonias, y éstas a su vez pertenecen a los cuarzos criptocristalinos. Dado a que tiene la presencia de óxido de hierro podemos ver en ella el característico color anaranjado – rojizo que la embellece. La cornalina es un fortalecedor de la autoestima produciendo sensaciones de capacidad resolutiva para enfrentar situaciones que puedan darse en el día a día favoreciendo a una mayor confianza en el propio potencial.

Cuarzo citrino: El citrino hace parte de la familia del cuarzo, su color amarillo translucido que en ocasiones presenta matices naranjas, producto del hierro ($Fe3+$) que esta gema presenta. Este cuarzo genera ayuda a generar autoconfianza en la resolución de conflictos, así como aportar seguridad y voluntad ante las decisiones.

Runa de la mazorca de maíz

Elemento: El elemento que sin lugar a dudas rige sobre esta runa es la tierra. Este elemento a través de la energía de la mazorca de maíz, nos ayuda a comprender el sentido de la fertilidad y la abundancia en todas las áreas de la vida produciendo la comprensión total de la palabra éxito como un resultado holístico.

Día de la semana: El día jueves en el que esta regente el planeta júpiter.

Signo del zodiaco: Sagitario es un signo de crecimiento, de metas e ideales, características que se combinan de manera fluida con la runa de la mazorca que nos dice que la cosecha que se obtiene es el resultado de un esfuerzo o trabajo previo que inspiran y llevan al triunfo.

Planeta: Júpiter presenta relación con la runa de la mazorca debido a la energía de expansión, entusiasmo, abundancia y suerte. A causa de presentar estos atributos, este planeta nos podría llevar a pensar que solo se trata del plano de lo terrenal, pero tanto júpiter como la runa nos habla de no solo abundancia material sino también del plano de la conciencia y la espiritualidad.

Color de vela: Verde o dorada

Inciensos: Clavo, Salvia, Madreselva

Deidades: Saramama, Gaia, Pachamama, Chicomecóatl, Enki, Shala, Luki, Dagan, Rusina, Neper, Sucellos

Hierbas relacionadas con la mazorca de maíz:

Anís

Borraja

Castaño

Castaño de indias

Diente de león

Endivia

Higo

Nuez

Moscada

Reina de los prados

Sasafrás

Siempreviva

Tilo

Zarzaparrilla

Piedras relacionadas a la mazorca de maíz:

Jade verde: Esta piedra pertenece al grupo de los silicatos e inosilicatos y al sistema cristalino monoclínico. Su relación con la runa de la mazorca de maíz se debe a que el Jade es frecuentemente utilizado para atraer la energía de la abundancia, su color verde se le relaciona al dinero y ayuda a mejorar la economía y también atraer la prosperidad.

Aventurina verde: La Aventurina es una variedad de cuarzo y pertenece al grupo de los óxidos, con fórmula $SiO2$, al igual que hace parte del sistema de cristalización trigonal. A la Aventurina se le conoce como "la piedra de la oportunidad", puesto que se le atribuye ser una fuente de riqueza y prosperidad. Comparte con la runa de la mazorca las cualidades de estimular la percepción y potenciar la creatividad para el trabajo y el espíritu productivo en pro de las metas y objetivos que dan como resultado el propio sustento.

Runa de la cicatriz o la hoz

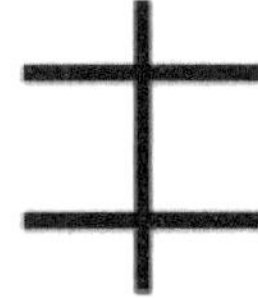

Elemento: Así como en la piel se cicatriza las heridas después de un periodo, la Tierra se cura sola después de desastres naturales, por ejemplo, después de un terremoto las grietas formadas tras la ruptura de rocas se reparan gradualmente, en la caída de los árboles debido a los efectos climáticos con el pasar de los meses comienza a brotar la vida al igual que al marcharse las heladas y se ven los primeros rayos del sol todo en su tiempo vuelve a florecer. Todos ejemplos mencionados anteriormente nos permiten conocer como el elemento tierra se relaciona con la energía de la runa de la cicatriz, la cual habla acerca de la finalización de ciclos para lograr la sanación, un cierre y una renovación.

Día de la semana: El día sábado en que esta regente el planeta saturno.

Signo del zodiaco: Capricornio se caracteriza por tener una enorme fuerza de espíritu, compromiso, constancia y energía para lograr sus objetivos y luchar contra las dificultades, actitudes que le permiten cerrar ciclos que desea superar.

Planeta: El planeta Saturno está asociado a la runa de la cicatriz o la hoz debido a su energía relacionada a los desenlaces y la muerte, pero la muerte vista como una transformación, renovación o el término de un ciclo que se ve reflejado en este planeta cuando se habla de él como arquetipo del Dios del tiempo.

Color de vela: Negra, violeta

Inciensos: Lavanda, palo santo, mirra, ruda

Deidades: Saturno, Osiris, Deméter, Perséfone, Aine, Durga, Isis, Adonis

Hierbas relacionadas con la cicatriz o la oz:

Acónito

Álamo

Cáñamo

Ciprés

Cola de caballo

Dondiego de día

Fumaria

Hiedra

Lobelia

Membrillo

Olmo

Pensamiento

Remolacha

Tamarindo

Tejo

Tercianaria

Piedras relacionadas a la cicatriz o la hoz:

Amatista: La amatista pertenece a la familia de los cuarzos. Es una piedra que transmite energía positiva ayudando a transmutar las energías de baja vibración que pueden estar en el ambiente y en situaciones. Equilibra los estados ánimo produciendo una sensación de bienestar que permite vivir mejor los periodos de desenlace y cierre de ciclos.

Malaquita: Es un mineral secundario de cobre que puede ser encontrado en depósitos oxidados de Cu. Hace parte del sistema monoclínico y al grupo de los carbonatos. La malaquita puede limpiar nuestro cuerpo emocional de traumas y secuelas que hayan dejado situaciones pasadas para liberarnos y ayudarnos a sanar.

Runa de la serpiente o las olas

Elemento: Cuando la runa está representada como una serpiente su correspondencia es con el elemento tierra, mientras que si es representada con las olas se le asocia con el elemento agua. El elemento tierra en esta runa revela el poder de la adaptabilidad y la renovación mientras que el elemento agua muestra su capacidad de fluidez y la transformación.

Día de la semana: El día de la semana en que la runa de las serpientes o las olas presenta mayor potencia mágica es el día sábado. A pesar de que en este día se encuentra regente el planeta saturno y no Plutón podemos conectar con la energía del sábado debido al poder de transmutación y transformación que contiene este.

Signo del zodiaco: Escorpio, es el signo del zodiaco asociado a la runa de la serpiente u olas debido al poder de regeneración que se da como resultado de los largos procesos de transformación y depuración que este signo puede llegar a experimentar para lograr el equilibrio.

Planeta: Plutón pertenece al grupo de los planetas transpersonales o "planeta espiritual". Es símbolo de la transformación, de la metamorfosis como la runa de la serpiente. Plutón nos revela que cuando abandonamos nuestras resistencias y estamos dispuestos a cambiar podemos lograrlo.

Color de vela: Cuando esta simbolizado como la serpiente se le asocia a las velas de color marrón, mientras que cuando está en el aspecto de las olas se le asocia con velas de color azul.

Inciensos: Canela, gardenia, incienso, mirra, sándalo

Deidades: Cuando se representa esta runa como la serpiente se le puede asociar a deidades como Medusa, Quetzalcóatl.

Cuando se representa como las olas se le asocia deidades como Yemayá, Coventina, Derceto, Mama cocha.

Hierbas relacionadas con la serpiente o las olas:

Cassia Fistula o Lluvia de oro

Gliricidia

Jacaranda

Totumo o Jícaro

Piedras relacionadas a la serpiente o las olas:

Cuarzo cristal: Es la forma microcristalina del cuarzo, su formación se produce en cristales microscópicos compactados. La energía del cuarzo cristal puede ser combinada con el poder de la runa de la serpiente o las olas para encontrar la paz y así mismo la armonía en los momentos de transformación y en los procesos de adaptación.

Ónix: El ónix es una variedad de calcedonia, pertenece al grupo de los silicatos, tectosilicatos y consiste en una variedad microcristalina del cuarzo. Esta piedra está asociada a la runa de la serpiente ya que otorga la posibilidad de superar cada obstáculo en la búsqueda de la superación de viejos patrones que no nos dejan avanzar en la vida. Nos otorga la valentía para dejar las viejas pieles (heridas del pasado) y abrazar el crecimiento.

Runa de las aves

Elemento: el elemento de la runa de las aves es el aire, puesto que es símbolo del pensamiento, lo intangible, el conocimiento, el intelecto y de las ideas.

Día de la semana: el miércoles día en el que esta regente el planeta mercurio

Signo del zodiaco: virgo, el sanador del zodiaco comparte el poder de la creatividad, el ingenio y condiciones mentales sobresalientes que le permite, así como a la runa de las aves sanar a través de la introspección, la reflexión y luego la palabra.

Planeta: La runa de las aves tiene correspondencia con el planeta mercurio debido a que este está asociado a las este facultades metales, la adivinación, la sabiduría, la meditación, la comunicación, el estudio y la creatividad

Color de vela: Naranja

Inciensos: Menta, almendra, eucalipto

Deidades: Hermes, Mercurio, Iris, Hermóðr

Hierbas relacionadas con las aves:

Álamo

Apio

Cedrón

Eneldo

Espliego

Granada

Hierbabuena

Hinojo

Lino

Marrubio

Mejorana
Mora
Nuez de Brasil
Papiro
Perejil
Pimienta
Pistacho
Tomillo

Piedras relacionadas a las aves:

Aguamarina: El agua marina pertenece al grupo de los silicatos, tectosilicatos y se conoce como una variedad de tonalidades azules del cristal berilo. Esta piedra puede estimular, activar y limpiar el chakra de la garganta, permitiendo tener un mayor desenvolvimiento y claridad en la comunicación.

Cuarzo azul: Es una variedad de cuarzo puro, pero presenta impurezas que le otorgan su color azul, impurezas que proceden generalmente de Riebeckita. Este cuarzo presenta relación con la runa de las aves ya que ayuda a mejorar tu comunicación espiritual, así como a conocer tu ser interior y descubrir la sabiduría que llevas dentro para afrontar las situaciones del día a día como compartir con los demás.

Runa del ojo o la visión

Elemento: El aire se encuentra relacionado al psiquismo y las visiones por lo cual es el elemento de la runa de la visión. Este elemento nos ayuda a desarrollar y a potenciar esas facultades.

Día de la semana: El lunes es el día en el que se puede potenciar el poder mágico de la runa del ojo o la visión, debido a la energía de misticismo y espiritualidad que la luna, astro regente en este momento de la semana produce.

Signo del zodiaco: El signo de Piscis sostiene una relación directa con el mundo espiritual lo que le permite ir más allá de las limitaciones humanas, energía que comparte con la runa de la visión puesto que ambos pueden permitir la apertura de nuestra conciencia psíquica.

Planeta: Neptuno es un planeta cuya energía nos ayuda a alcanzar niveles más altos de conciencia, a cerca de lo divino. Favorece la iluminación, la conexión con el ser superior e inspira en la búsqueda del camino espiritual. Son todos estos aspectos los que nos permiten reconocer la correspondencia de este planeta con la runa de la visión.

Color de vela: Violeta o blanca

Inciensos: Canela, Naranja, Rosa

Deidades: Hécate, Dione, Asteria, Aradia

Hierbas relacionadas con la runa del ojo o la visión:

Diente de león

Granada

Hibisco

Higo

Reina de los prados

Acacia

Apio

Artemisa

Azafrán

Caléndula

Cidra

Laurel

Madreselva
Menta
Milenrama
Tomillo

Piedras relacionadas a la runa del ojo o la visión

Cordierita: Este mineral se forma por metamorfismo térmico de sedimentos arcillosos, además puede aparecer en rocas ígneas. Es reconocida como una piedra que favorece el poder psíquico y las visiones por lo que es utilizada en rituales y viajes chamánicos.

Ulexita: La piedra Ulexita es un borato de calcio sódico hidratado. Su fórmula química es $NaCaB_5O_6(OH)_6 \cdot 5H_2O$. Puede ser de color blanco, gris o incolora, exponiendo una dureza de 2.5 en la escala de Mohs. Es una piedra que te anima a desarrollar el don de la clarividencia y el desarrollo de los dones psíquicos.

Runa del hombre

Elemento: La runa del hombre presenta la presencia de los cuatro elementos ya que estas cuatro energías están presentes en todo el universo y conforman física y energéticamente a todo lo que existe.

Día de la semana: El día de la semana en que esta runa puede presentar mayor energía mágica es el domingo, momento de la semana en que esta regente el sol, astro que presenta una fuerte asociación en muchas tradiciones mágicas al arquetipo del Dios.

Signo del zodiaco: Los signos relacionados a la runa del hombre son aquellos que presentan energías relacionadas al principio masculino como Aries, Géminis, Leo, Libra, Sagitario, Acuario.

Planeta: los planetas relacionados a esta runa son aquellos que presentan la presencia del principio masculino como es el caso del Sol, Marte y Júpiter.

Color de vela: Amarilla, rojo, dorado

Inciensos: Sangre de dragón, benjuí, bergamota, salvia, romero, ruda, canela, clavo

Copal, pino, naranja, incienso

Deidades: Deidades masculinas.

Hierbas relacionadas con la runa del hombre:

Abrótano

Acacia

Acebo

Acedera

Aceituno

Achicoria

Agárico

Agrimonia

Ajenjo

Ajo

Álamo

Albahaca

Alcaravea

Alerce

Alholva

Aliso

Almendra

Anacardo

Anemone

Angélica

Anís

Apio

Arce

Arroz

Asa fétida

Atrapamoscas

Aulaga

Avellano

Avena

Azafrán

Badián

Bambú

Betónica

Borraja

Bromelia

Cabeza de dragón

Cactus

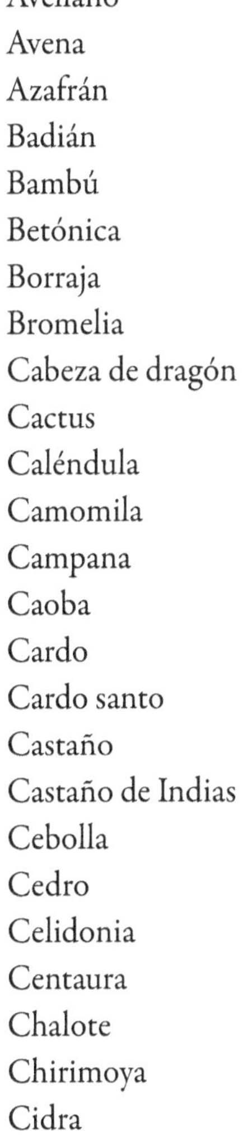

Caléndula

Camomila

Campana

Caoba

Cardo

Cardo santo

Castaño

Castaño de Indias

Cebolla

Cedro

Celidonia

Centaura

Chalote

Chirimoya

Cidra

Clavel
Crisantemo
Curry
Damiana
Datilera
Diente de león
Dulcamara
Endrino
Enebro
Eneldo
Equinácea
Espino
Espliego
Eufrasia
Fresno
Galanga
Genciana
Girasol
Goma arábiga
Grama del norte
Granada
Granos del paraíso
Helecho
Helecho macho
Heliotropo
Hierba de limón
Hierba de S. Juan
Hierbabuena
Higo
Hiniesta
Hinojo
Hisopo

Jengibre

Juan el Conquistador

Judía

Laurel

Lengua de ciervo

Lentisco

Levístico

Lima

Linaria

Lino

Liquidámbar

Macis

Madreselva

Maguey

Mandarina

Mandrágora

Marrubio

Mejorana

Menta

Mora

Mostaza

Muérdago

Muguete

Nuez

Papiro

Peonía

Perejil

Pimienta

Pimpinela

Pino

Piña

Pistacho

Polco

Puerro

Rábano

Reina de los prados

Roble

San pedro

Sasafrás

Sello dorado

Sena

Serbal

Sésamo

Siempreviva

Tabaco

Té

Tilo

Tomillo

Trébol

Yerba mate

Yuca

Zanahoria

Zarzaparrilla

Piedras relacionadas a la runa del hombre

Las piedras relacionadas a la runa del hombre son aquellas que entre sus características presentan energía de avance, proyectividad, fuerza, poder y protección. En este grupo de piedras podemos distinguir a la cornalina, citrino, el cuarzo transparente, diamante, granate, jaspe rojo, obsidiana, ópalo de fuego, piedra de sol, rodocrosita, topacio.

Runa de la mujer

Elemento: Al igual que la runa del hombre la runa de la mujer presenta la energía de los cuatro elementos.

Día de la semana: El día de la semana en que esta runa puede presentar mayor energía mágica es el lunes, momento de la semana en que esta regente la luna, astro presenta una fuerte asociación en muchas tradiciones mágicas al arquetipo de la Diosa.

Signo del zodiaco: Los signos relacionados a la runa de la mujer son aquellos que presentan energías relacionadas al principio femenino como Tauro, Cancer, Virgo, Escorpio, Capricornio y Piscis

Planeta: los planetas relacionados a esta runa son aquellos que presentan la presencia del principio femenino como es el caso de la Luna, Venus y Neptuno.

Color de vela: Blanca, plateada, rosada, roja

Inciensos: Coco, cereza, jazmín, mirra, rosa, vainilla, frambuesa, gardenia, orquídea, palo santo, sándalo

Deidades: Deidades femeninas.

Hierbas relacionadas con la runa de la mujer:

Abedul

Aciano

Adelfa

Aguacate

Aguileña

Álamo

Albaricoque

Alcanfor

Alcaparra

Alfalfa
Algodón
Aloe
Altea
Amapola
Amaranto
Artemisa
Avena
Azafrán
Banana
Beleño
Belladona
Boldo
Brezo
Cabello de Venus
Calabaza
Cálamo aromático
Camelia
Camotillo
Caña de azúcar
Cáñamo
Cardamomo
Cardo corredor
Cebada
Centeno
Centinodia
Cicuta
Ciprés
Ciruela
Ciruela silvestre
Col fétida
Cola de caballo

Corazón sangrante

Datura

Díctamo de Creta

Dondiego de día

Espino

Eucalipto

Euforbio

Eupatorio

Fárfara

Flor de mayo

Guanto

Guisante

Guisante de color

Hibisco

Hiedra

Hierba cana

Hierba gatera

Hierba mora

Iris

Jacinto

Kava-kava

Lavanda

Lechuga

Lila

Limón

Linaza

Lirio

Lirio azul

Lirio florentino

Llantén

Loto

Lunaria

Madera de acedera
Madera de áloes
Magnolia
Maíz
Malva
Mano de la suerte
Manzana
Margarita
Matapulgas
Matricaria
Melisa
Melocotón
Membrillo
Menta romana
Mezquite
Milenrama
Mimosa
Mirto
Musgo
Narciso
Nardo
Olmo
Olmo campestre
Papaya
Pasionaria
Patata
Pensamiento
Pepino
Pera
Plumería
Primavera
Regaliz

Remolacha
Repollo
Ruibarbo
Salicaria
Sauce
Saúco
Sello de Salomón
Suspirosa
Tamarindo
Tamarisco
Tejo
Tercianaria
Tomate
Tomillo
Tonca
Trigo
Tulipán
Uña de gato
Uva
Valeriana
Vara de oro
Verbasco
Verbena
Verdolaga
Violeta
Violeta africana
Yerba santa
Zarcillo
Zarzamora

Piedras relacionadas a la runa de la mujer

Las piedras relacionadas a la runa de la mujer son aquellas que entre sus características presentan energía de receptividad, desarrollo de la intuición, fertilidad y contacto con el mundo emocional. En este grupo de piedras podemos distinguir a la

aguamarina, amatista, azabache, azurita, calcita azul y rosa, celestina, cuarzo rosa, transparente, esmeralda, jaspe verde, lapislázuli, malaquita, nácar, ópalos pálidos, perla, piedra lunar, turmalina verde, turquesa, y zafiro.

Runa de la estrella

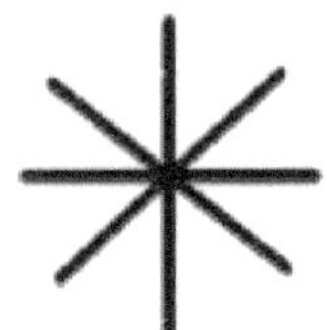

Elemento: Éter, es el elemento relacionado a la runa de la estrella, ya que es la fuerza que fluye desde las profundidades del Universo y se reconoce como el elemento sutil y fuente de energía creativa.

Día de la semana: El jueves es el día en el que podemos potenciar la energía de la runa de la estrella ya que es el día de la semana en la que podemos potenciar nuestras intenciones relacionadas al crecimiento, la expansión, y la buena fortuna.

Signo del zodiaco: El signo de Sagitario se encuentra relacionado a la runa de la estrella debido a su asociación a la conciencia superior y la búsqueda de dirección, la cual se ve representada en el arquero que apunta hacia arriba como símbolo de proyección hacia los objetivos o metas desde el conocimiento y la sabiduría.

Leo: Este signo esta relacionado con la runa de la estrella debido al poder de expansión que este presenta.

Planeta: Neptuno, Júpiter, Sol

Color de vela: Dorada, blanca

Inciensos: Palo santo, lavanda, mirra, yagra, benjuí, copal, sándalo, incienso, almizcle

Deidades: Astreo, Astrotesie, Asteria

Hierbas relacionadas con la runa de la estrella:
Canela
Jengibre
Melisa
Trébol
Piedras relacionadas a la runa de la estrella
Lapislázuli: Armoniza el cuerpo, las emociones, la mente y el espíritu, ayuda en el proceso profundo del autoconocimiento.

Cuarzo azul: Nos ayuda descubrir o aumentar en nosotros la compresión de la naturaleza espiritual. Eleva las frecuencias vibracionales para llegar a una mayor concentración en la meditación.

Runa del romance

Elemento: El elemento agua es quien expresa el mundo del amor, las pasiones y las emociones. Entre los cuatro elementos es la energía que contiene la runa del romance.

Día de la semana: El viernes, día en el que esta regente el planeta venus.

Signo del zodiaco: Tauro se relaciona a la comprensión del mundo físico por medio de los sentidos: gusto, tacto, oído, vista y olfato. Al estar regido por el planeta Venus, entre sus características podemos distinguir que es un signo sensual y siente deseo por la búsqueda del placer aspectos relacionados a la runa del romance.

Planeta: El planeta relacionado a la runa del romance es Venus, el cual entre sus características contiene el deseo de expresar nuestra necesidad de sentirnos deseados y nuestra capacidad para atraer a los demás.

Color de vela: Roja

Inciensos: Romero, rosa, canela, violeta, fresa, jazmín, lima, limón

Deidades: Venus

Hierbas relacionadas con la runa del romance:

Adelfa

Albahaca

Amapola

Azafrán

Cardamomo

Cereza

Ciruela

Durazno

Endibia

Eneldo

Estragón

Frambuesa

Genciana

Geranio

Jacinto

Malva

Manzana

Manzanilla

Margarita

Melisa

Menta

Naranja

Nuez

Palta

Pensamiento

Remolacha

Tilo

Tulipán

Violeta

Zarzaparrilla

Piedras relacionadas a la runa del romance

Cuarzo rosa: este cuarzo nos ayuda a curar heridas emocionales, hacer fluir la energía del amor, atraer nuevos amores, romances e intimidad.

Turmalina Rosa: genera energías positivas, favorecer la apertura y atraer todo tipo de amor. Potencia la alegría, la paz y proporciona comodidad y seguridad para expresar las emociones.

CAPITULO II

Comportamiento de las Runas en la Lectura

En esta sección vamos hablar un poco a cerca del comportamiento de las Runas según el área donde aparecen y también según que Runas las acompañan.

Como Runa de Inicio

Recordemos que, al momento de interpretar una lectura en el formato tradicional, la Runa que se encuentra más cercana a nosotros es la que denominamos la "Runa de Inicio" de nuestra lectura.

Esta Runa nos habla de la energía en la situación presente, es decir, nos habla de la energía que está manifestando en este momento, por lo que es sumamente importante en nuestra lectura ya que tiene una poderosa influencia en cómo se están desenvolviendo las situaciones en el presente y como se encausaran a la Runa siguiente.

A continuación, recorreremos una a una las Runas viendo que es lo que nos dicen cada una en dicha posición.

El Sol

Cuando esta Runa se presenta en esta posición, nos brinda una respuesta afirmativa en la situación presente frente a nuestra pregunta.

Es importante que tengamos en cuenta que el sol es una energía activa que tiene un fuerte vínculo con el liderazgo por lo que de ser la

Runa de inicio nos habla de que poseemos las cualidades para afrontar las situaciones del presente y nos invita a confiar en uno mismo.

Esta Runa como inicio es sumamente positiva ya que nos habla de que estamos bien plantados ante el presente o que tenemos lo necesario para poder hacerlo.

Sera importante tener en cuenta que Runa le continua para saber que desafío, cambio o experiencia se viene en el corto plazo, frente al tema de la consulta.

La Luna

Esta energía que lidera los tiempos de cambio, como Runa de inicio, nos habla justamente de la conducta cambiante del área que se está preguntando, es decir, nos advierte que todo está en movimiento y que ese estado no pasara de un día para el otro, sino que tomara un tránsito lunar completo (28 días) hasta que las mareas se aquieten y podremos ver con total claridad el rumbo.

Es importante que tengamos en cuenta, que el cambio no posee carácter negativo ni positivo, simplemente es cambio. Para tener más claridad en que traerán dichos cambios es importante ver que Runa le continúa en la lectura.

Los Anillos

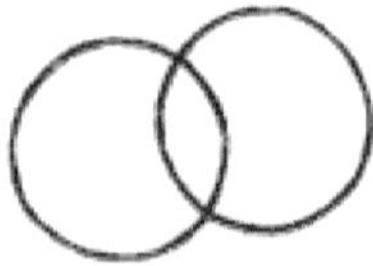

Cuando esta Runa se presta en el inicio de nuestra lectura nos habla de que los vínculos tienen un rol fundamental en el presente. Nos invita a reflexionar acerca de las personas involucradas en el área que se está consultando.

Es una Runa que nos invita a tener en cuenta las alianzas que hemos fomentado, y en este aspecto es importante ver que Runa le continúa en nuestra lectura para poder saber que tan favorables son frente a nuestra consulta, ya que de ser una Runa positiva nos está hablando de que dichas alianzas pueden ayudarnos a resolver o afrontar las preocupaciones. Claro, que, de ser una Runa de conflicto, como las Lanzas Cruzadas, nos estará advirtiendo de que prontamente pueden peligrar dichas alianzas o pueden generarnos conflictos en el área de nuestra consulta.

Las Lanzas Cruzadas

Esta Runa al presentarse en el inicio suele tomar un tono negativo, ya que nos habla del estado de fricción que se vive en el presente en el área de nuestra consulta.

Aparece para marcarnos las situaciones de conflicto presentes y nos invita a ser muy cautos en cada paso que damos, invitándonos a reflexionar antes de actuar en las consecuencias que pueden traer nuestras decisiones al respecto de cómo obrar en el área en cuestión.

Es importante tener en cuenta que Runa le continúa en la lectura para saber que traerán dichos conflictos y si se alcanzara una solución en el mediano plazo.

La Mazorca de Maíz

Esta Runa de abundancia, cuando lidera nuestra lectura nos habla de un tiempo muy favorable donde se reconoce la riqueza que se posee (material, emocional y/o espiritual).

En consultas de carácter económico o proyectos, nos habla del potencial que estos poseen e invitan a poner dedicación y atención a la labor, de la misma forma en que el campesino cuida las cosechas y trabaja con esfuerzo para obtener el alimento.

En consultas sobre problemas familiares o donde están involucradas varias personas, esta Runa nos puede mostrar que la atención está puesta en la abundancia. En estos casos se debe tener en cuenta la Runa que le continúa para saber que traerá dicho materialismo a esas personas.

Es importante tener en cuenta la Runa que le continúa en busca de reconocer que trae dicha abundancia, ya que la abundancia es prosperidad, pero no siempre desencadena bienestar en los corazones de los hombres y mujeres. En ocasiones la abundancia trae nuevas preocupaciones, una nueva forma de temor a la perdida, materialismo, etc. Estos ejemplos más que nada notarse si le continúa una Runa como la Lanzas.

La Cicatriz o la hoz

Cuando la Cicatriz se presenta como Runa de inicio hablamos de tiempos de cierres de ciclos, ella nos marca que el presente es un paso particular.

Recordemos que esta Runa se presenta en los tiempos de cicatrizar, cerrar procesos y heridas. De checo cuando la Runa que le continúa en la lectura es La Serpiente o la Luna, nos reafirma estos procesos de auto sanación más orientados al renacer y al cambio.

Es importante tener en cuenta cual fue la pregunta, ya que si hablamos de procesos emocionales de sanación como por ejemplo el dejar a tras la obsesión producida por sentimientos rezagados a una ex pareja, esta Runa aparece para marcar de que se dio un real inicio al cierre de ese ciclo y en estos casos es importante ver que runa le continua para tener claridad sobre cómo sigue este proceso.

Recordemos que cuando se trata de consultas puntuales sobre un tema donde buscamos una respuesta afirmativa o negativa, la Runa de la Cicatriz es una energía pasiva, es decir tiende a la polaridad negativa, esto es más marcado si incluso la consulta refiere a avances o nuevos pasos, ya que esta Runa nos habla de que no es tiempo de avanzar sino de reflexionar, sanar, cicatrizar, trabajar de forma interna y a la vez nos marca que en el presente el peor enemigo es la ansiedad.

Resulta fundamental entender a la Runa que le continua, ya que puede mostrarnos si esta energía será duradera o potenciada en el corto plazo (por ejemplo, si le continúan Runas como el Hombre o Las

Lanzas) o si en realidad es temporal y esa cicatriz será un proceso de sanar y renacer (si le continúan por ejemplo la Mazorca de Maíz o Los Anillos).

La Serpiente o Las Olas

Cuando esta Runa se presenta como inicio de nuestra lectura no afirma que estamos en un proceso transformador, sea cual sea la pregunta, la serpiente aparece para recordarnos que nos encontramos en un proceso de cambio interno y ese cambio es el que influye en el afuera (recuerda que como es adentro es afuera).

Por lo cual resulta importante ver que Runa le continúa a la Serpiente, ya que esta nos mostrará hacia donde nos lleva ese proceso, es decir que produce en el corto plazo.

Además, la Runa de conclusión está conectada con la Serpiente cuando se presenta en el inicio, ya que todo proceso de transformación interna tiene un resultado inmediato, pero también un resultado a largo plazo por lo cual viendo la Runa de conclusión podemos reconocer si nuestros procesos y decisiones actuales realmente nos llevan a largo plazo al lugar que deseamos.

Las Aves

Cuando las Aves se presentan como Runa de inicio nos invitan a estar poderosamente alerta a la comunicación, nos revelan que muchas palabras se encuentran en el viento a nuestro alrededor y entre ellas se encuentra la sabiduría y las respuestas para los nudos mentales o dudas que se puedan tener.

Resulta importante ver que Runa le continua ya que nos puede orientar que es lo que traerá dicho conocimiento, recordemos que saber es poder, pero no siempre se hace buen uso de ese poder y la sabiduría puede ser mal usada o utilizada desde el dolor para causar dolor. Por lo cual es importante observar que Runa le continua, ya que si se presenta una Runa como la Mazorca podemos estar seguros de que los mensajes que llegan serán muy productivos y nos ayudarán a crecer y expandir nuestra abundancia.

Poniendo otro ejemplo, si la runa que le continua a las Aves es una Runa como las Lanzas Cruzadas, nos advierte que el conocimiento que nos llega puede llevarnos a entrar en conflicto con el entorno o incluso con uno mismo (esto se suele ver cuándo por ejemplo escuchamos más a nuestra mente y poco al corazón).

El Ojo

Cuando esta Runa aparece en el inicio de la lectura, nos marca que la intuición y el presentimiento que se tiene frente al tema en puntual es el acertado.

Además, el Ojos nos invitan a tener particular atención en ese tiempo a la intuición ya que puede ser una gran y poderosa aliada en el presente.

La Runa que continúa al Ojo en la lectura nos puede mostrar más claridad al respecto de que traerá la intuición, por ejemplo, de continuar con una Runa como la Cicatriz puede marcarnos que en el área en cuestión podremos percibir más claramente los finales y todo lo que cumple un ciclo.

Por otra parte, si la Runa que continuara fuera una Runa como los Anillos, nos habla de que la intuición se enfocara en reconocer alianzas potenciales y como fortaleces los vínculos.

La Mujer

Cuando esta Runa de la Mujer aparece en el inicio de la lectura nos brinda una respuesta positiva desde la energía femenina, es decir, nos habla de que, en el presente, dentro del área de nuestra consulta, es importante mantenerse receptivos a al entorno, analíticos, intuitivos y sensitivos.

Recordemos que esta energía, además de ser receptiva, es creatividad e intuición, por lo que invita a darle mayor importancia a estas cualidades frente al tema en cuestión.

Es importante observar que Runa le continúa, porque de ser una energía como la Mazorca de Maíz nos hablaría de que dicha energía femenina posee todas las cualidades para gestar abundancia.

En el caso de esta Runa en particular es importante aclarar que solo en lecturas donde nuestra consulta involucra una mujer, esta Runa apareciendo de inicio sería una respuesta afirmativa. Preguntas como: ¿existe una mujer influyendo en mi proyecto? ¿Existe una mujer influyendo en mi relación de pareja? ¿Mi pareja me está engañando con una mujer?

El Hombre

Cuando se presenta como Runa de inicio, nos brinda una respuesta afirmativa o positiva de nuestra consulta desde lo masculino, por lo cual nos habla de un tiempo de mantener la firmeza y la estabilidad (más si hablamos de proyectos o emprendimientos).

Esta Runa nos recuerda que poseemos las cualidades y herramientas personales para alcanzar lo deseado, invitados a no bajar los brazos.

Es muy importante la Runa que le continua ya que nos dirá que nos traerá está energía que se está manifestando, por ejemplo, si le continua una runa como el Sol nos habla de un gran poder de éxito y creación si se mantiene esa energía masculina personal activa. (Recordemos que cuando hablamos de energía masculina no nos referimos a hombre o mujer, sino a las cualidades masculinas, como hablamos en el libro anterior).

En el caso de esta Runa en particular es importante aclarar que solo en lecturas donde nuestra consulta involucra un Hombre, esta Runa apareciendo de inicio sería una respuesta afirmativa. Preguntas como: ¿existe un hombre influyendo en mi proyecto? ¿Existe un hombre influyendo en mi relación de pareja? ¿Mi pareja me está engañando con un hombre?

La Estrella

Cuando la Estrella se presenta como Runa de inicio nos habla de que el tema en cuestión tiene que ver con nuestros sueños profundos y/o emociones de realización.

Esta energía nos marca de que el tema en cuestión es importante como desarrollo de vida para nosotros y a la vez nos invita a confiar en nuestro corazón, más si la pregunta tiene que ver con proyectos de vida, trabajo o áreas de realización, porque nos habla de que la elección es buena pero a la vez es importante ver que traerán dichas elecciones, ya que una cosa es saber reconocer lo que vibra con nosotros y otra cosa es que el entorno o las circunstancias nos permitan acceder a ello.

Por todo esto último resulta fundamental la Runa que le continua, para saber que traerán estas elecciones o caminos de realización al perseguirlas. Si la Runa que continua son energías como la Mazorca de Maíz podemos hablar de la abundancia de espíritu y tangible al realizar y perseguir nuestros sueños. Por otra parte, cuando se presenta con Runas como las Lanzas Cruzadas podemos ver el choque de intereses entre lo que se espera de nosotros o lo que el afuera proyecto de nosotros como realización y lo que nosotros verdaderamente queremos.

El Romance

Cuando el Romance se presenta como Runa de inicio marca de que es un tiempo de guiarse por el corazón el área que se consulta. Nos devela que el corazón puede tener las respuestas certeras a las preguntas que nos hacemos.

A menudo creemos que las dudas o miedos son fundados, pero a veces simplemente son auto distracciones que nos alejan de reconocer lo que es verdaderamente importante.

En ocasiones el corazón puede saber el camino, pero la lógica o el entorno pueden negarse a aceptar ese rumbo, esto lo vemos poderosamente en la Runa que le continua, cuando se presenta las Lanzas Cruzadas, por ejemplo.

En lectura puntual donde la pregunta fue: ¿Mi pareja siente amor por otra persona? Y la Runa que sale de inicio es el Romance nos habla de una respuesta afirmativa.

Como Runa de Conclusión

Luego de haber hablado un poco a cerca del comportamiento de las Runas al inicio de la lectura en el formato tradicional, ahora vamos a ver como estas se comportan cuando se presentan como última Runa a interpretar en nuestra lectura, es decir, "Runa de conclusión".

A continuación, recorreremos una a una las Runas viendo que es lo que nos dicen cada una en dicha posición.

El Sol

Cuando esta Runa se presenta como conclusión en una lectura nos habla de un desenlace positivo a nuestro favor.

En consultas sobre caminos laborales, si bien el resto de la lectura puede hablar de complicaciones a tener en cuenta, el Sol como conclusión nos habla que nuestra determinación dará sus frutos al final.

En lecturas referentes al plano emocional nos habla de desenlaces positivos y favorables a lo que buscábamos, claro que es importante tener en cuenta la totalidad de la lectura, ya que quedarnos con el resultado sin tener en cuenta el camino y el proceso es como no querer aprender lo que la vida tenía para enseñar, por lo cual podríamos estar abriendo la puerta a repetir dichos aprendizajes nuevamente.

En lecturas referentes al plano espiritual, esta Runa de conclusión nos habla de superación, independencia, autoalimentación espiritual y centralidad.

La Luna

Cuando esta Runa aparece como conclusión en una lectura nos habla de un antes y un después, ya que la Luna es una Runa de cambio, lo que nos marca que todo el proceso que se está viviendo en el presente sumado a lo que nos devela llevara a un cambio que no solo afecta al consultante sino quizás también en parte a su entorno.

En lecturas referentes al plano emocional, nos habla de que todo lo experimentado traerá un cambio profundo que se dará de forma cíclica como es el mismo proceso de las fases lunares, es decir, no hablamos de cambios abruptos sino armónicos.

En el caso de consultas referentes a las relaciones de pareja, justamente la pareja entra en un proceso de cambio, el cual podemos ver si es favorable o no viendo la Runa que le antecede en la lectura, ya que si fuera una Runa como los Anillos estaríamos hablando de un vínculo fortalecido que da un nuevo paso en la vida, es decir crece la relación en vinculo por lo que se proyectan ante la vida de una forma más madura y seria. Poniendo otro ejemplo, si le antecede una Runa como las Lanzas Cruzadas, nos habla de que el proceso de cambio con la Luna es producto de choques, conflictos y discusiones en la relación.

Cuando nuestra consulta está orientada en aspectos individuales espirituales, la Luna como conclusión habla de un ciclo que concluye en nuestra vida y un nuevo comienzo a la vez comienza a emerger. Son tiempos donde se terminan de superar los desafíos del ciclo anterior y se vienen nuevos aprendizajes, con nuevos retos pero a la vez nuevos dones a incorporar y nuevas herramientas a desarrollar.

Los Anillos

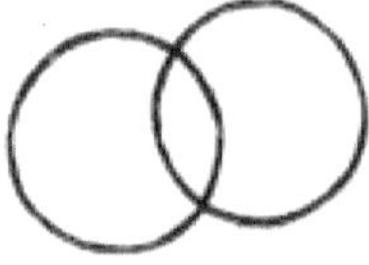

Cuando los Anillos se presentan como conclusión en nuestra lectura nos hablan de integración, de un fortalecimiento producto de lo vivido en todo el proceso anterior que muestra la lectura.

En lecturas de proyectos, esta Runa como conclusión nos habla de posibles alianzas que vendrán a largo plazo, como también un fortalecimiento de las que ya se encuentran en marcha.

En lecturas referentes al plano emocional habla de que todo lo vivido, tanto positivo como los desafíos que puedan venir traerán buenos frutos, ya que los Anillos siempre nos hablan de solides con unos mismo, ya que cuando los aprendizajes de las experiencias vividas son bien incorporados el amor propio, la seguridad ante la vida, la confianza y la determinación florecen con mayor fuerza.

En cuanto a consultas sobre parejas, esta Runa es excelente en esta posición, ya que nos marca la fortaleza del vínculo y el crecimiento como pareja al punto de volverse uno. En este aspecto es importante tener en cuenta los que devela el resto de la lectura, ya que el camino a una armonía en una relación no siempre viene dado desde momentos lindos sino también desde los desafíos y retos, por lo cual, cada consejo que traen las Runas anteriores es de vital importancia.

Las Lanzas Cruzadas

Cuando las Lanzas Cruzadas aparecen en nuestra lectura en posición de conclusión nos advierten que vamos rumbo al conflicto.

Algo que se debe aclarar es que en ocasiones existen personas que pueden minimizar la advertencia de esta Runa o considerar que se está preparado para tomar las armas, es importante ser consciente que el mejor guerrero no es el que vence al otro sino el que pudo evitar luchar, porque siempre de la lucha hay algún tipo de herida...

Por lo cual, resulta sumamente importante volver sobre nuestros pasos en la lectura para ver que nos van develando cada Runa buscando reconocer desde que área vendrán dichos conflictos.

La Runa que la antecede puede darnos una gran pista, ya que, por ejemplo, cuando esa Runa es la Serpiente nos habla de que las propias transformaciones personales nos llevaran a entrar en conflictos. Esto se suele ver mucho cuando los procesos de transformación se dan en patrones culturales o elecciones diferentes de vida, ya que al afuera le suele costar aceptar el cambio de otros.

En lecturas donde la Runa que la precede son los Anillos nos habla que dichos conflictos vienen producto de los vínculos por lo cual es importante en esos casos tener en cuenta el área de nuestra pregunta para poder observar que vínculos se encuentran involucrados y así reconocer y poder tomar decisiones que nos alejen de conflictos de poder hacerlo y si estos son inevitables pues poder tener claridad para estar alertas sobre dichas personas.

La Mazorca de Maíz

Cuando la Mazorca de Maíz aparece en posición de conclusión es vista como una de las mejores Runas que pueden presentarse frente a un tema ya que nos habla de abundancia, bienestar y el éxito que se encuentra próximo a alcázar.

En consultas que están relacionadas a proyectos, esta Runa de conclusión nos revela que, si bien queda un camino por recorrer en los que aún pueden, o no, haber desafíos (lo que se podrá ver en el camino de runas que la preceden) a superar, la mazorca nos marca el éxito. Nos habla que dichos proyectos darán sus frutos, es importante tener en cuenta a la Runa que la antecede para saber de qué forma llega ese éxito.

En consultas relacionadas al amor esta Runa en posición de resultado nos habla de abundancia en cuanto a disfrute, felicidad, fertilidad y realización. Incluso si se está buscando formar una familia o estar embarazados, esta Runa como conclusión nos brinda una respuesta afirmativa, claro que teniendo en cuenta a todas y cada una de las Runas anteriores, ya que de acuerdo a como vivamos el proceso de las Runas anteriores, será como llegaremos a la Mazorca de Maíz.

En lecturas de procesos espirituales o internos, esta Runa en posición de conclusión nos habla de un momento de gran bienestar, de un tiempo de armonía y plenitud. Esta Runa es esta área resulta un gran augurio de que estamos en el camino adecuado hacia una plenitud.

Teniendo en cuenta esto último, cuando la consulta está dirigida a superar perdidas, obsesiones, adicciones. Esta Runa en posición de conclusión nos revela que siempre se encuentra el centro y que ese día se encuentra en nuestro horizonte próximo a llegar luego de recorrer, las runas que le anteceden.

La Cicatriz

Cuando la Cicatriz se presenta en posición de conclusión nos habla de momentos de cortes, finales, cierres. Incluso en lecturas donde se busca consejo esta Runa como conclusión aparece para aconsejar el no seguir con esas ideas o ciertas tendencias.

En lecturas donde la consulta tiene que ver con proyectos o ideas que se quieren poner en marcha, esta Runa como conclusión aparece para invitar a la reflexión acerca de si verdaderamente el camino que se elige traerá los beneficios que se esperan, a veces la ilusión nos deslumbra con deseos y no realidad, a la vez que también nos invita a reflexionar si lo que deseamos alcanzar para realizarnos es lo que verdaderamente necesitamos para vivir con felicidad, armonía y libertad...

La Cicatriz es una Runa a la cual se le teme mucho en posición de conclusión, pero en realidad no debe ser así, ya que la Runa siempre dice que no, habla de finales, o cierres de ciclo. Pero me resulta sumamente importante destacar que en ningún momento habla de bueno o mal, sino que toca puntos sensibles de aprendizaje de nuestro camino de vida tales como:

Nuestra aceptación ante los "no", los cuales son iguales a los "si" solo que el común denominador de las personas recibió una educación donde él no estaba visto como algo malo o prohibición.

El apego cuando nos enfrentamos a cosas que deben concluir en nuestra vida.

El temor al cambio, ya que este viene con lo diferente y nos saca de nuestra zona de confort, sin embargo, si realizamos una búsqueda interna de nuestra propia historia veremos que todo lo que hoy es estable vino de un cambio y a todo lo estable cada momento le siguió un cambio, lo único constante es lo inconstante y no aceptar esto puede acarrear mucho sufrimiento.

Cuando la Cicatriz aparece como conclusión en lecturas referente a parejas, esta Runa nos puede hablar de una etapa que llego a su final y que es concluida o superada en la relación. Así como ante la vida podemos ver etapas que concluyen y otras que comienzan, de la misma forma pasa en la relación.

Algo que es importante aclarar, es que solo en consultas donde literalmente se pregunta si una relación llego o está a punto de llegar a su final, esta Runa en posición de conclusión nos estaría hablando de la relación se termina. En estos casos es importante ver que Runa le antecede para poder ver de qué forma termina dicha relación, por ejemplo, si la Runa que le antecede son las Lanzas Cruzadas estaríamos hablando de conflictos de pareja que no pueden ser superados y que acabarán por llevar a que ambos o algunas de las partes decida por terminar la relación.

En el área espiritual, cuando se consulta por superaciones personales, adicciones, heridas que el corazón carga o dolores emocionales, la Cicatriz en posición de conclusión nos habla de aquellas heridas abiertas que van sanado con el tiempo y el trabajo personal hasta cicatrizar. En este aspecto no podemos dejar de tener en cuenta el camino que marcan las Runas anteriores, pero podemos estar seguros de que si los atendemos llegaremos a transmutar esa herida y continuar nuestro camino experimentando con la sabiduría de lo aprendido de dicha herida.

La Serpiente o Las Olas

ʔ

Cuando esta Runa se presenta como conclusión nos habla de que todo lo vivido y experimentando en el tema de nuestra consulta traerá un proceso de transformación interna que nos situará ante la vida de una forma muy diferente ante la vida.

"Nada ha cambiado... yo he cambiado, por ende... todo ha cambiado"

Tenemos que comprender que las consultas que realizamos, si bien por momentos pueden ser específicas sobre situaciones que pasan en el día a día, algunas de ellas en realidad contienen retos evolutivos personales de crecimiento. Cuando la Serpiente aparece de conclusión nos marca que dicho desarrollo de experiencias frente al área en cuestión traerá un movimiento interno entre sentir del alma, emociones y pensamientos que nos catapultarán a un proceso de transformación sanador.

Por esto último, en lecturas referentes a la Sanación física, mental o emocional, esta Runa como conclusión es una excelente aliada que nos habla, ya que, así como la serpiente al generar una nueva piel, se renueva y de tener heridas se auto-sana.

En lecturas referentes a parejas, esta Runa como conclusión nos habla de que la pareja en conjunto, luego de pasar el proceso que marquen las Runas anteriores, entrará en un tiempo de transformación desde su núcleo hacia afuera, un tiempo de auto sanar heridas del que saldrán mejor plantados como relación. En estos casos se suelen ver parejas que luego de bastante esfuerzo logran construir una familia, superar adversidades y volverse más unidos, conseguir realizar algún sueño compartido. Por todo esto, algunos dirían que la pareja tuvo suerte, pero la serpiente dice "han pasado el proceso que tenían que pasar para encontrar la realización como pares en el núcleo por ende eso se reflejara por añadidura en el afuera".

En lecturas de procesos espirituales, esta Runa en posición de conclusión augura que la sanación buscada o la transformación individual será la culminación de todo el trabajo personal realizado, por ende, invita a la confianza en el todo, en las leyes del universo. La serpiente nos recuerda que todo vibra, todo está en movimiento arménico por lo cual la transformación es un hecho armónico del camino de vida, por ende, confía.

Las Aves

Cuando las Aves se presentan como Runa de conclusión en una lectura nos habla de que grandes mensajes vendrán a nosotros, con el potencial de cambiar, transformar, hacer crecer o despertar.

Es importante destacar que las Aves no solo hablan de mensajes externos de quienes nos rodean, sino que también pueden ser mensajes divinos que percibimos en sueños, momentos de meditación, prácticas ritual o simplemente en tiempos donde estamos con la armonía suficiente como para percibir lo sutil a nuestro alrededor y en mostros mismo.

Por lo mencionado anteriormente, cuando la lectura tiene que ver con el desarrollo espiritual, o auto superación, esta Runa como conclusión nos recuerda que todo pasa por algo, sea cual sea el camino de la lectura traerá los desafíos justos para el crecimiento personal, pero al final se debe trabajar en rumiar lo experimentado, explorar lo vivido y estar receptivo a los saberes que podamos descubrir o que puedan venir.

Las Aves en posición de conclusión en lecturas de pareja nos hablan de la capacidad de dialogo incorporada en la relación, más si la Runa que le antecede es el Sol o los Anillos, lo que nos muestra la confianza mutual y claridad en el dialogo. Además, siempre nos recuerda que mensajes llegaran a la relación al respecto de la consulta en cuestión, y si la lectura es por demás positiva puede marcarlos la resolución de una problemática gracias a la comunicación y mensajes que la relación recibe.

El Ojo

Cuando esta Runa se presenta en posición de resultado habla de claridad de visión, de intuición acertada frente a la visión a largo plazo o frente a la posible resolución de un tema.

Esta Runa siempre nos revela que nuestra intuición en el presente frente a lo que se percibe a largo plazo o al desenlace de una situación puntual, es muy cercana a como se desenvolverán las cosas, también en este aspecto nos devela que conforme pasen los días esta intuición se verá cada vez más clara (es importante en este sentido que el practicante sepa diferenciar miedos, o deseos, de intuición).

Siempre resulta fundamental tener en cuenta las Runas cercanas a el Ojo, para saber que energías están actuando en el proceso de desarrollo del tema para saber cómo tomar las mejores decisiones, ya que saber que energías actúan nos dan la posibilidad de analizar el mejor curso de acción confiando en nuestra intuición, sabiendo que está es certera en la percepción futura.

En lecturas de carácter espiritual esta Runa como resultado nos habla del desarrollo del potencial onírico. Por lo general se presenta al final de una lectura para marcarnos que vamos en el camino correcto y que de seguir aplicándonos en dicho camino podremos experimentar un crecimiento de la intuición, la claridad ante algún saber de vida que nos traerá mayor apertura de nuestro tercer Ojo. Es también asociada al momento de activación consciente de la glándula pineal, como también el desarrollo de dones como la videncia.

La Mujer

Cuando esta Runa se presenta en la posición de conclusión nos habla de una conclusión positiva desde la energía femenina, es decir, son aquellas resoluciones que se dan sin conflicto y de forma amorosa incluso.

En lecturas referentes a proyectos esta Runa de conclusión nos afirma que tiene el potencial de brindar buenos frutos, es importante en estos casos ver que Runa le antecede, ya que, de ser el Sol, o la Mazorca de Maíz, habla de un éxito que viene de la mano de la dedicación, con armonía y fluidez.

En lecturas de parejas esta Runa en posición de resultado nos habla de amor y sensualidad en la relación.

En lecturas donde la pregunta fue específica al respecto de: ¿Si mi pareja tiene un amor con una mujer? (es decir, sobre la pregunta específica y focalizada). Esta Runa nos da una respuesta afirmativa al respecto saliendo como conclusión.

El Hombre

Cuando se presenta al final de una lectura nos brinda una conclusión positiva. Es una Runa activa, de concretar y alcanzar objetivos desde la acción.

En lecturas relacionadas a proyectos, el Hombre como conclusión nos habla de los objetivos alcanzados por la dedicación y tenacidad.

Sin importar que Runa la anteceda habla de nuestra capacidad para anteponernos a las situaciones y alcanzar nuestros objetivos. Es importante mencionar en este aspecto que la Runa que le anteceda puede mostrarnos lo que implicara el proceso para llegar a dicho éxito. Ejemplo: si la Runa que le antecede son las Lanzas Cruzadas nos habla que se alcanzaran los objetivos luego de mucho conflicto y flicción. Distinto a que si la Runa que le antecede sea "los Anillos" la cual nos habla de alianzas que aportan sostén para con dedicación llegar al éxito deseado.

En lecturas de pareja esta Runa de conclusión nos habla de que la pareja alcanzará un tiempo de estabilidad, que podrá anteponerse ante los desafíos que la vida le trajo y proyectarse hacia el mañana con seguridad.

En lecturas donde la pregunta fue específica al respecto de: ¿Si mi pareja tiene un amor con un hombre? (es decir, sobre la pregunta específica y focalizada). Esta Runa nos da una respuesta afirmativa al respecto saliendo como conclusión.

La Estrella

Cuando la Estrella aparece como Runa de conclusión nos habla de tener confianza en nuestras elecciones, reafirmando que son positivas y capases de ser concretadas si nos aplicamos desde la pasión y la dedicación.

En lecturas de parejas nos habla de que los sueños de la pareja son posibles de concretar. Además, nos habla de tenerse fe el uno al otro, más si están pasando algún desafío de vida, ya que esta Runa siempre va a decir que todo lo pueden superar si ponen como prioridad la integridad de la relación, reconociéndose en todo momento como aliados para afrontar los desafíos que la vida trae.

En lecturas relacionadas con proyectos, esta Runa marca por una parte que se puesto el ojo en un buen objetivo y a la vez que será muy gratificante lo que se alcance.

Es importante aclarar que en esta posición la Runa nos invita a tener en cuenta los sueños, de ser posible escribir cada uno de ellos al despertar, ya que el tiempo de desarrollo de esta lectura los sueños pueden traer mensajes, tanto positivos como de alerta sobre los posibles desafíos que vengan en el camino hasta llegar a la resolución del tema con la Estrella.

El Romance

Cuando el Romance aparece como conclusión en una lectura nos trae la bendición del amor y la energía sagrada femenina a nuestra consulta.

En lecturas específicas donde se está consultando por la búsqueda de pareja, esta Runa marca la llegada de un amor profundo y favorable.

En lecturas de pareja, es una excelente Runa de conclusión ya que nos habla de que el amor perdurara por encima de los desafíos que la relación enfrente en esos tiempos.

En lecturas especificas donde la pregunta fue: ¿Mi pareja …(nombre)… tiene un amante? o ¿mi pareja …(Nombre)…. Continuara viéndose con su ex amante o amante?

Esta Runa nos brinda una respuesta afirmativa. Claro que para no sacar conclusiones apresuradas debemos ver que Runa fue la de inicio, ya que si ambas dan el Si hablamos de que dicha persona no se le da bien la monogamia. En estas lecturas es importante tener en cuenta el camino que muestran las runas desde el inicio hacia el Romance.

En lecturas de proyectos, el Romance va a hablar de una energía creativa, positiva y que el paso a paso del desarrollo de dicho proyecto se volverá un gran alimento de realización personal y traerá armonía incluso a otros aspectos de la vida.

En lecturas de carácter espiritual, esta Runa de conclusión nos trae un gran augurio, ya que nos habla de que el camino que se está recorriendo traerá un gran crecimiento evolutivo, se elevará la frecuencia de vibración generando mayo expansión de la conciencia y a la vez un mejoramiento del entorno de vida.

CAPITULO III

Formatos de Lectura

En el primer libro de "Runas Brujas" hablamos sobre el formato tradicional de lectura y también brindamos 2 formatos diferentes.

En esta ocasión vamos a ver otros formatos que consideramos complementarios a los anteriores para poder realizar lecturas más específicas de temas puntuales como infidelidades, preguntas por sí o no, reconocer trabajos mágicos, etc.

Lectura de la Runa Diaria o Única.

La *runa única* que nos permite hacer una lectura rápida del presente, en este tipo de lecturas no es necesario hacer un rito previo, ya que buscamos tan solo un consejo o reflexión acerca de una situación inmediata o usándola simplemente como comienzo del día, a manera de ¿qué aprendizaje traerá el día? o ¿en qué debo estar atento?, tengamos en cuenta que es una lectura a manera de reflexión, lo que debe importarnos es la filosofía que trae esa runa a nuestra vida y en este momento, se trata de una lectura rápida y simple, fundamentalmente para cuando no disponemos de mucho tiempo.

1

Lectura por sí o por no

En las lecturas solemos tener preguntas puntuales donde se busca una respuesta directa de "si" o un "no" frente a un tema puntual. Para esta clase de consultas existen más de una forma de como consultar, pero no todas son del todo claras, por lo cual decidí brindar este formato que de todos los que he practicado siento que es el más práctico, rápido, claro y directo.

Para realizar esta clase de lecturas, es importante tener bien clara y formulada la pregunta. Ejem: *¿Podre poner en marcha mi proyecto de carpintería? ¿La intuición que tengo sobre... (Nombre completo) ... es acertada? ¿Podre obtener la abundancia que necesito para tal fecha si sigo trabajando como vengo hasta ahora?*

Siempre tratamos de ser lo más claros posibles y tomamos todo el tiempo necesario para formular con claridad la pregunta que vamos a realizar.

Una vez que tenemos clara la pregunta tomaremos solo 2 Runas en nuestras manos, las cuales pueden ser:

El SOL, ya que es la Runa asociada al "si" en las lecturas.

LA CICATIZ, ya que es la Runa asociada al "no" en las lecturas. (Muchos practicantes se sienten más cómodos utilizando LA LUNA en vez de la CICATRIZ, lo cual también es válido y podrán hacer la lectura sin problema, la elección es una cuestión de comodidad y afinidad con tus runas).

 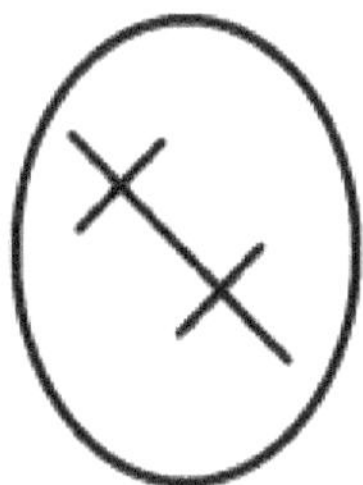

Tomando estas 2 Runas en nuestras manos vamos a soplarles nuestra pregunta y arrojamos las Runas en el paño.

Para realizar la interpretación observamos cuál de ellas se presenta boca arriba:

Si la Runa del SOL queda boca arriba y la CICATIZ queda boca abajo, la respuesta es "SI".

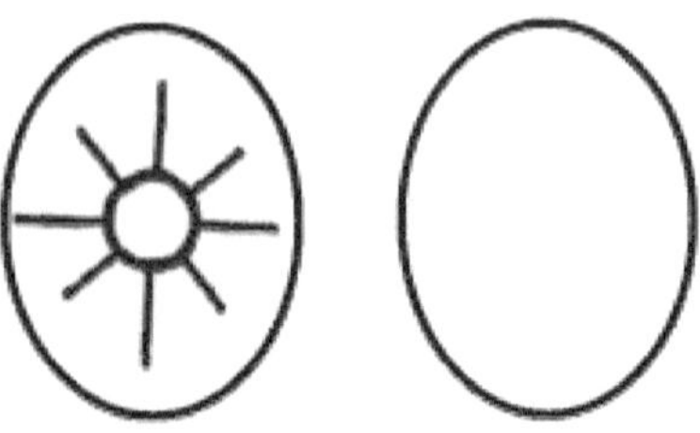

Si la Runa de la CICATIZ queda boca arriba y el SOL queda boca abajo, la respuesta es "NO".

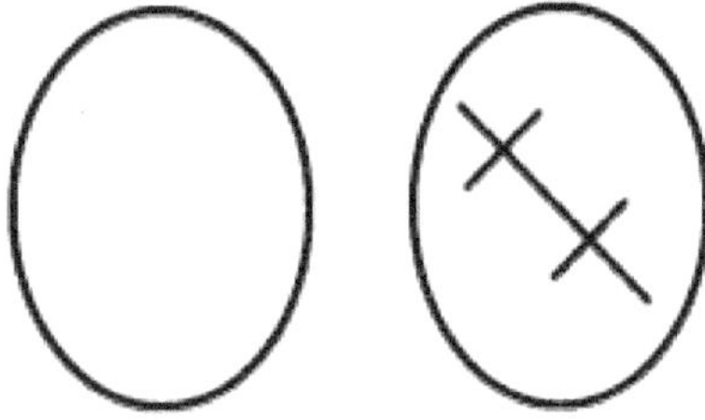

En los casos donde ambas Runas quedan boca arriba significa que la respuesta puede ser SI o NO, de acuerdo a la decisión que la persona tome, es decir, el poder está en la persona y tanto un camino como otro son posibles. Esta clase de respuestas se ve a menudo en preguntas sobre si un camino es bueno o no, si algo se va a manifestar o no. Por lo general esta clase de respuestas nos revelan que tenemos la claridad para reconocer que es bueno o malo para nosotros y que debemos tomar la decisión sin recurrir a las Runas.

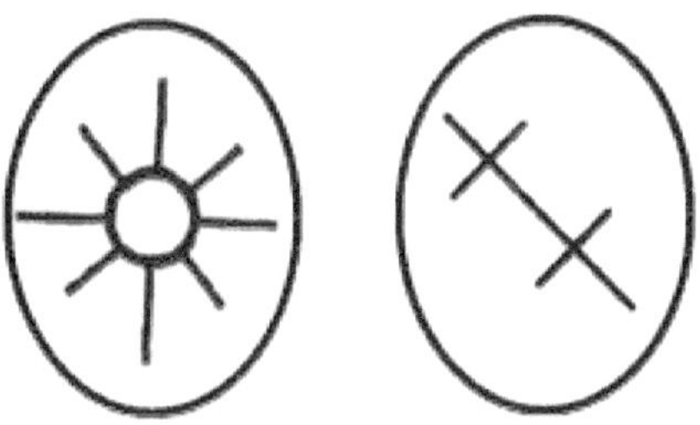

En el caso de que ambas Runas se presenten boca abajo, es decir, que ninguna se muestra frente a nuestra consulta, las Runas marcan que no desean hablar sobre esta pregunta. Nos marcan que no debemos realizar esta pregunta aun ya que no es el momento. En ocasiones pasa esto cuando estamos formulando una pregunta cuando no estamos emocionalmente en nuestro centro y la respuesta puede afectarnos para bien o para mal, como también en preguntas que realizamos viendo solo una parte de los acontecimientos y se presentan de esta forma para marcar la espera frente a la consulta y el estar atentos a lo que la vida traiga en los próximos días para poder tener mayor claridad y formular de mejor manera nuestra consulta.

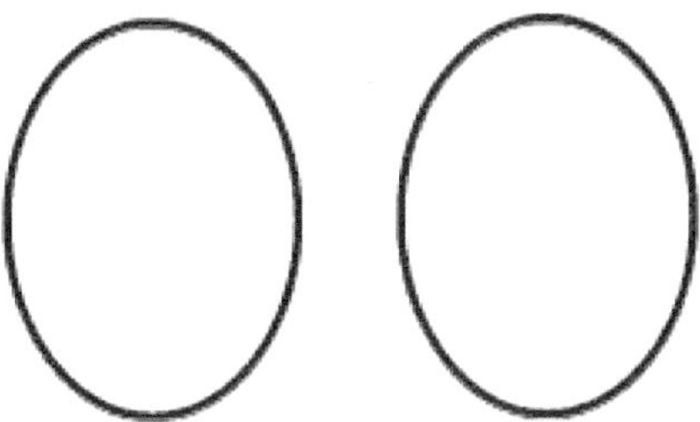

Es importante aclarar en estos formatos de lectura por Si o No, que deben ser usados solo en preguntas particulares, sabiendo que a veces las respuestas pueden condicionarnos, ya que una consulta frente a si un camino de vida traerá abundancia y la respuesta es "NO" puede llevarnos dejar ese camino de lado, y tal vez ese camino no traiga abundancia pero si traería un crecimiento en otras áreas o incluso quizás dicho camino podría ser fuente de otros descubrimientos personales. Por eso siempre es importante saber preguntar y tener claro cuándo vamos a utilizar dicho formato de Lectura.

Lectura de Momento Actual

Este formato nos permite realizar una lectura sin hacer una pregunta, sino que se busca ver el estado emocional actual, los dones o habilidades que se estén aprendiendo o desarrollando, como también los desafíos y advertencias que las Runas tienen para el momento actual de vida.

Para este formato de lectura se graban 5 círculos en un paño para poder enfocar mejor nuestra interpretación.

Como vemos cada círculo nos hablara de un área en particular. Al realizar nuestra lectura nos concentraremos en todo lo que se está viviendo en el presente, soplaremos a las Runas dicha situación actual y las arrojamos en nuestro paño.

Para esta lectura interpretaremos las Runas que caen dentro de cada Círculo (según el área que representan) y si alguna cae por fuera de los círculos, pero sale boca arriba la tendremos en cuenta como consejo.

El círculo de los Dones: las Runas que caen en este sector nos habla de las habilidades, cualidades, dones o incluso aprendizajes que obtendremos del presente que se está viviendo. Esta área resulta importante porque nos permite reconocer que todo aquello que vivimos nos brinda algo, nos permite visibilizar nuestro crecimiento y en qué área se está dando.

El círculo de los Desafíos: la o las Runas que caen en este círculo nos hablan de los desafíos que se están presentando, los cuales no son malos, sino que son aquellas cosas que nos trae la vida para evolucionar y crecer. Reconocerlos de forma clara en una lectura nos permite aplicarnos mejor en el aprendizaje de fondo más que en lo superficial, como pueden ser los problemas.

El círculo de las Emociones: la o las Runas que se presentan en este círculo nos hablan del estado emocional actual. El sentir es un gran motor en el día a día que define en gran medida como nos tomamos los hechos en nuestra vida, por eso resulta importante poder reconocer que energía se está manifestando en esta área, ya que influirá en gran medida a nuestra visión de los acontecimientos.

El círculo de las Advertencias: Esta área nos muestra aquellas cosas que las Runas desean advertirnos. En ocasiones suele suceder que no logramos percibir su presencia en nuestra vida de algunos factores, influencias, patrones de pensamiento, etc. Por lo cual resulta muy importante tener en cuenta que Runa se presenta en esta área para no ser tomados por sorpresa e incluso en ocasiones con reconocer la advertencia solemos poder generar luz en esa área de nuestra vida.

El círculo de las Oportunidades: la o las Runas que caen en este círculo nos hablan de las oportunidades que se están presentando o comenzando a presentarse en nuestra vida. Esta área resulta importante ya que nos suele mostrar de qué forma vienen las oportunidades para resolver situaciones o en ocasiones nos muestra que debemos tener en cuenta para poder sacar mayor riqueza de lo que viene.

Las Runas que salen por fuera de los círculos: como anteriormente mencionamos las Runas que se presentan por fuera de los círculos son tomadas como Runas de consejo, es decir, aquellas que aparecen en nuestra lectura para brindarnos algún saber para nuestro presente o alguna reflexión. Esta o estas Runas que se presentan en esta posición deben ser tomadas como consejos generales que no afectan solo en un área sino en todas.

Lectura de Infidelidades

Esta clase de lecturas se utilizan cuando la persona cree que su pareja le está siendo infiel y principalmente hablamos de parejas monógamas.

Es importante aclarar que la lectura se hace sobre el consultante, con pleno consentimiento y con una previa charla acerca de porque realiza dicha consulta, en que cree que puede aportarle la lectura y ayudar a dicha persona a tomar conciencia de su situación de actual de vida. Esto es importante para que el consultante no se auto condiciones, ya que a veces se busca saber, pero no siempre se tiene sabiduría para qué hacer con lo que se recibe.

El primer paso es consultar si realmente existe una infidelidad. Para lo cual se utiliza una "Lectura por Si o por No" la cual anteriormente explicamos.

La pregunta sería: ¿... (Nombre completo de la persona) ... le está siendo infiel en la relación de pareja a ... (nombre completo de la otra persona)?

Luego de realizar esta pregunta por sí o por no, realizaremos una confirmación con el mismo formato de lectura solo que esta vez buscando confirmar la interpretación anterior, es decir, la pregunta sería:

¿Mi interpretación al respecto de la consulta anterior es correcta?

Hacemos este ejercicio simplemente por ser cautelosos ya que la persona que recibe la lectura tiene mucho de su sentir puesto en ese momento por lo cual debemos ser claros, acompañar y no decir de más ni de menos.

En el caso de que ambas preguntas dieran como respuesta un SI, estamos hablando de que existe una infidelidad. Por lo cual solo nos resta ver de qué tipo, para lo que utilizaremos un formato de lectura de 4 cuadrantes realizando una tercera pregunta:

¿Qué clase de infidelidad de pareja está cometiendo... (Nombre completo de la persona) ...?

Soplamos nuestra pregunta a las Runas y las arrojamos en nuestro paño con los cuadrantes:

Amantes	**Relaciones**
Familia	**Vinculo Emocional**

Luego observamos que Runas se hacen presentes boca arriba en cada cuadrante, en ocasiones aparecen en más de un cuadrante ya que dicha relación puede tener más de un interés o bien puede ser más de una infidelidad.

Cuadrante de los Amantes: Las Runas que se presentan en este cuadrante nos hablan de que la infidelidad tiene que ver con algo más carnal, de carácter sexual y va marcar los vínculos movidos por el deseo.

Cuadrante de Relaciones: Las Runas que se presente en este cuadrante van a hablar de que la persona tiene una relación estable, es decir, son relaciones que no son pasajeras.

Cuadrante de Familia: Las Runas que se presenta en este cuadrante muestran que existe un vínculo de lazo personal, a veces suele marcar ex parejas con las que se compartió mucho tiempo y el vínculo sigue de una forma más distanciada, en ocasiones muy particulares puede marcarnos una doble vida que se mantuvo oculta. Siempre este cuadrante habla de lazos que tienen que ver con el camino de vida transcurrido.

Cuadrante de Vínculo Emocional: Las Runas que se presentan en este cuadrante nos hablan de que en dicha infidelidad existe un tipo de vínculo emocional, este cuadrante nos marca si existe enamoramiento o una relación afectiva especial.

Como podemos ver cada cuadrante marca un aspecto diferente pero que puede ser complementario a otro cuadrante, por lo cual es común ver que las Runas se presentan en más de un cuadrante, por ejemplo: si una Runa se presenta en el cuadrante de Amantes y otra se presenta en el cuadrante de Vínculo Emocional, nos habla de que el vínculo es sexual y emocional. Por supuesto es fundamental ver que Runas se presentan y que nos dicen desde el amor cada una de ellas, para lo cual anteriormente en las descripciones de cada Runa en este libro brindamos ese apoyo de conocimiento.

De más está decir que esta clase de lecturas solo debe realizarse con consentimiento del consultante y cuando se posee una gran experiencia de interpretación cultivada por el tiempo.

Como detectar Brujería en una Lectura

En algunas ocasiones llegan consultantes que, dada su situación de vida, o algún suceso en particular, creen que alguien les ha hecho un trabajo mágico o que sienten una influencia mágica de algún tipo.

Para estos casos vamos a ver una forma de consultar a las Runas a continuación, haciendo la aclaración que una cosa es ver y otra cosa es resolver, es decir, en la lectura veremos si existe dicha influencia, pero de ser así luego deberá recurrir a un especialista en estos temas para poder resolverlo.

Para esta consulta vamos a hacer 3 preguntas. Cada una de ellas las haremos tomando nuestras runas en nuestras manos, soplando la pregunta y dejando que solo una Runa caiga en el paño.

La primera consulta es: *¿Existe una influencia externa mágica negativa en el presente de... (Nombre completo) ...?*

Esta pregunta la realizamos de esta forma para saber si realmente posee una influencia mágica de algún tipo y de acuerdo a la Runa que se presente vamos a tomar un rumbo diferente en nuestra lectura. Ya que si la runa que se presenta nos marca que si existe una influencia externa realizaremos un tipo de consulta, pero si la Runa que sale nos marca que no el rumbo será distinto.

En el caso que la pregunta anterior nos marque que SI existe una influencia externa mágica preguntaremos: *¿Esta influencia mágica está actuando activamente en este tiempo?*

Esta clase de preguntas se realizan ya que a veces si recibieron un ataque mágico, pero fue en ese momento y no es algo recurrente por lo cual solo recomendaríamos a la persona hacer una buena limpieza energética y portar un amuleto de protección mágica para no volver a pasar por lo mismo. Por otra parte, si la runa que se presenta nos marca que si es recurrente recomendaríamos a la persona buscar a un especialista para que examine que tipo de trabajo tiene esta persona (ya que cada tradición mágica tiene métodos diferentes y por ende distintas formas de como deshacerlos).

Por otra parte, si la primera pregunta que realizamos, al respecto de si *existe una influencia externa mágica*, tuviéramos como respuesta que NO es así realizaríamos como segunda consulta: *¿Existe una influencia externa de intención negativa en el presente de... (Nombre completo) ...?*

Esta clase de preguntas se realizan en estos casos debido a que si bien puede no haber una voluntad mágica que afecte al consultante, si puede que en su día a día pueda haber malas intenciones como: envidia, rencores, etc.

Para finalizar nuestra consulta (independientemente del caso que sea) realizaremos una última consulta para buscar el consejo que las Runas tengan para su situación, es decir, que tienen las Runas para transmitirle frente a lo que está viviendo:

¿Frente a la consulta que realizo... (Nombre completo) ... que Runa desea brindarle su consejo y sabiduría?

Para estas clases de lecturas es importante que tengamos en cuenta que cada Runa nos aporta información puntual al respecto de la situación. Para lo cual vamos a ver una a una que nos pueden brindar:

El Sol: Esta Runa solar de brillo y claridad (que si bien en las lecturas por sí o no siempre toma el marco del SI). En esta clase de lecturas nos habla de que no existe ningún ataque o influencia mágica en la persona, su campo áurico esta radiante, por lo cual si esta Runa se presenta lo mejor es indagar en otras áreas de la vida, ya que si el consultante vino con dicha preocupación significa que algo está sucediendo, pero no en el área que el consultante considera.

La Luna: Esta Runa suele marcar una influencia energética negativa pero que tiene que ver directamente con la magia, aunque se percibe como tal, es decir, cuando la intención del afuera sumada a la falta de protección magia del consultante da un resultado negativo como si estuviera recibiendo un ataque mágico. Por ejemplo: cuando una persona está recibiendo mal de ojo.

Los Anillos: Esta Runa aparece para marcar la fortaleza espiritual, habla de que nada ha podido penetrar nuestro campo, los Anillos en este caso representan la red de vínculos que a través de su amor brindan una protección sólida.

Las Lanzas Cruzadas: Esta Runa marca los ataques mágicos de intención negativa que se encuentran activos en el momento de la consulta, en estos casos se recomienda al consultante que acuda a un especialista de la materia para que determine el procedimiento a seguir para neutralizar y limpiar energéticamente.

La mazorca de Maíz: Esta Runa en esta clase de lectura nos habla de que no hay ningún ataque de carácter mágico, pero nos invita a revisar el área de la abundancia y el trabajo del consultante, ya que las preocupaciones o situaciones de la abundancia pueden estar afectando su juicio para considerar que estaba siendo afectado mágicamente.

La Cicatriz: Esta Runa en esta clase de temas aparece para marcar que algo se encuentra cristalizado en el campo áurico de la persona. (En estos casos se recomienda siempre consultar a parte si esta aun activo o si es solo un residuo de algo que le afecto en el pasado y solo debería ser limpiado energéticamente).

La Serpiente: Esta Runa suele aparecer para marcar heridas que fueron auto infringidas (por lo general de forma inconsciente), en ocasiones tiene que ver con auto castigos emocionales, mentales, condicionamientos.

Las Aves: Esta Runa aparece para marcar las habladurías, los mensajes que traen preocupación, que distraen del camino de vida o que siembran dudas, a veces se pueden presentar como malos consejos o condicionamientos culturales.

El hombre: Esta Runa aparece para marcar las malas intenciones de carácter mundano, cuando la influencia negativa viene de carácter físico, del mundo tangible, por ejemplo: pueden verse en personas que presionan de forma activa a que el consultante no pueda avanzar por un determinado camino.

La Mujer: Esta Runa aparece para marcar las malas intenciones de carácter emocional, cuando la influencia negativa proviene de un vínculo emocional que genera una tensión directa para condicionar el avance del consultante.

Los Amantes: En este aspecto, esta Runa habla del poder de la energía Amor, aparece para marcar que nada afecta al consultante ya que se encuentra en un tiempo de alta vibración en energía amor.

El ojo: Esta Runa suele presentarse para marcar que la intuición del consultante al respecto del tema seguramente está en lo correcto. Por momentos aparece para reafirmar la confianza en lo que intuye e invitarlo a que tome cartas en el asunto.

La Estrella: Esta Runa aparece para marcar que se posee una fuerte presencia espiritual que guía en el camino, la cual está brindando una protección especial en el momento de vida. Por lo cual es importante que, de haber problemas en el presente, esta Runa invita a confiar en sus guías y demostrar que se es digno de dichas bendiciones a través del compromiso al camino propio, la toma de decisiones de forma clara y el no tomar caminos autodestructivos.

Es importante mencionar que el significado de cada Runa en esta área varía para algunos practicantes, ya que consideran que algunas runas tienen un tinte diferente según su tradición mágica. En este caso te presento este método dado que es el más práctico, claro y que aporta mayor conocimiento en cuanto, no solo si existe una influencia mágica en la persona sino además poder ver si esta influencia pertenece a otro campo de la vida.

CAPITULO IV

Trabajo espiritual: Runas y Velas vestidas

El fuego es símbolo de creación y así mismo de consumación y la transformación. Tiene el poder de transmutar las energías, así como potenciar los propósitos mágicos. Las velas junto a los espíritus de las hierbas producen una fuerza energética cuyo potencial pueden hacer puente entre nuestros deseos y la divinidad.

Las velas vestidas son una forma de incorporar el poder de los espíritus de las hierbas en una vela fusionando de esta las características energéticas de una planta con el poder del fuego.

El proceso de elaboración de una vela es muy sencillo consta de elegir una vela según el color de nuestro propósito, seleccionar las hierbas relacionadas a nuestra intención mágica, hacer el despertar del espíritu de las hierbas (que especificare más adelante), elegir un aceite base para incorporar las hierbas al cuerpo de la vela y por último la consagración.

Ahora bien, incorporar un simbolismo en nuestros objetos o preparados esotéricos elevan los atributos del mismo. Algo parecido pasa con las velas vestidas, ya que junto con el poder transmutador del fuego, el influyo de los espíritus herbales y el símbolo se produce una extensión mágica que eleva las frecuencias vibracionales y crea un puente de conexión con el poder o poderes divino con el cual se pretende conectar.

El trabajo espiritual con estos objetos mágicos y las runas de las brujas nos permiten incorporar las distintas energías de este oráculo a nuestro aprendizaje y compresión de su lenguaje, por lo cual en este capitulo de enseñaremos como crear tus velas vestidas tenido en cuenta las cualidades energéticas de cada una de las runas, los colores de las velas, el tipo de aceite a utilizar para ungir el cuerpo de las velas, las hierbas a emplear y la manera adecuada de consagración.

Para empezar, empecemos recordando cuales son las características o atributos que manifiestan cada uno de los simbolismos de las runas y por consiguiente con que tipo de energías estaremos conectando:

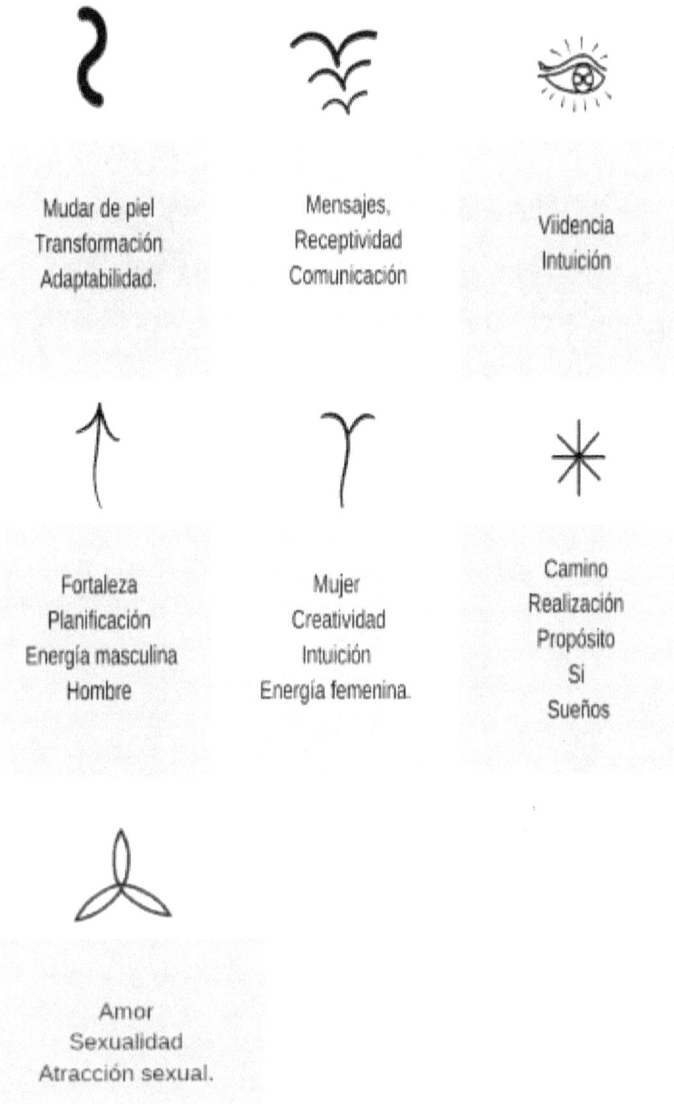

Ya habiendo reconocido las energías de las distintas runas ahora veamos que color de velas utilizar para cada una de ellas:

Vela amarilla : Representa el éxito y el desarrollo

Vela dorada : Representa el poder la expansión del sol

Vela rosa: Relacionada a las relaciones y la empatía

Vela blanca : Esta relacionada con la intuición.

Vela plateada : Representa a la energía de la luna y la Diosa

vela roja: Relacionada a la fuerza , el poder , la lucha

Vela negra: Ayuda en desenlaces,la muerte , cierre de ciclos y renovación
Vela violeta: Ayuda a transmutar energías negativas para la sanación .

Vela verde: Representa a la tierra y a su fertilidad.
Vela dorada: Representa a los granos de maíz.

Vela marrón (serpiente): Representa la tierra.
Vela azul (olas): Representa el poder del elemento agua.

Vela naranja: Relacionada al plano mental y la creatividad.

Vela blanca : Relacionada al pisiquismo y lo divino.
Vela violeta : Relacionada a la conciencia espiritual.

Vela roja: Representa la energía de la fuerza
Vela dorada y amarilla: Representación de sol como imagen del Dios.

Vela roja: Simbolismo del flujo menstrual
Vela blanca y planetada: Representación de la luna como imagen de la Diosa.
Vela rosa: Símbolo de las emociones , vinculos y el amor.

Vela dorada: Representa el poder estelar.
Vela blanca: Energía sutil.

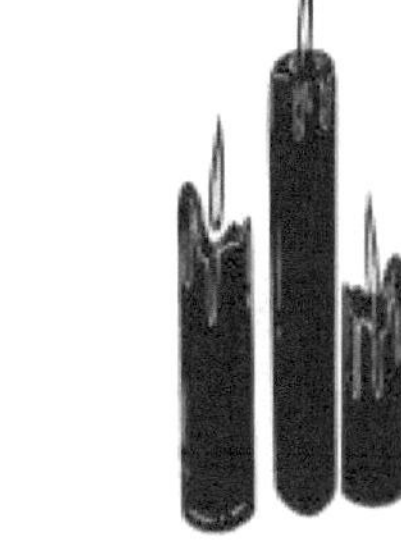

Vela roja: Representa
el poder del romance
El sexo
La sexualidad

Habiendo elegido el color adecuado de velas es momento de elegir las hierbas teniendo en cuenta las correspondencias vistas en el capítulo 1. Elige las hierbas en grupo de 3, 7 o 9. El número 3 representa a la potencia generadora, principio de formación y crecimiento, el número 7 es conocido como símbolo de perfección y de espiritualidad al igual que el número 9 que posee un gran poder espiritual y esotérico.

Ahora que has reconocido las energías de las trece runas, el color que velas que corresponde a cada una de ellas y elegido las hierbas a emplear en la creación de tus velas vestidas es tiempo de comenzar a elaborarlas. Te recomiendo seguir los siguientes pasos:

1.Limpia la vela con algún sahúmo, para ello te aconsejo emplear sahúmo de ruda, palo santo, pino, romero, canela, clavo de olor, mirra, incienso, sándalo o copal.

2. Graba o dibuja la runa en el centro de la vela, para ello te recomiendo usar una rama de un árbol o planta. Mientras dibujas la runa recita las siguientes palabras:

Yo te grabo.... (El nombre de la runa) Para que tu influjo este sobre esta vela e intervengas en mis procesos internos

3. Después de haber dibujado la runa es tiempo de incorporar las hierbas, para lo cual es necesario que cada una de ellas se encuentren secas para que se adhieran mejor en el cuerpo de la vela. Tomaremos las plantas elegidas y realizaremos el despertar de sus espíritus una a una. Para ello Acerca a tus labios la hierba y recita las siguientes palabras:

"Despierta, despierta espíritu despierta

Que me voz escuches y que a mi aliento atiendas"

Nombra el nombre de la planta tres veces y luego toma un poco de aire y sopla de tu aliento (También puedes soplar y luego nombrarla tres veces, no hay inconveniente si inviertes el orden)

Ahora háblale a la planta, nombrándole todas las virtudes que deseas que ella otorgue a tu preparado y de qué manera deseas que te ayude.

Al finalizar dale las gracias y ya están listan para vestir tu vela.

4. Untamos la vela con un aceite, te recomiendo utilizar aceite de germen de trigo, aceite de oliva, aceite de coco o aceite de almendra. También puedes utilizar aceites esenciales asociados a la energía de la runa con la cual estaremos conectando energéticamente.

Coloca el aceite desde el centro de la vela hacía los extremos, es decir del centro hacia arriba y del centro hacia abajo, visualizando en ella como nuestra energía es fundida junto al aceite al momento de untarla con nuestros dedos.

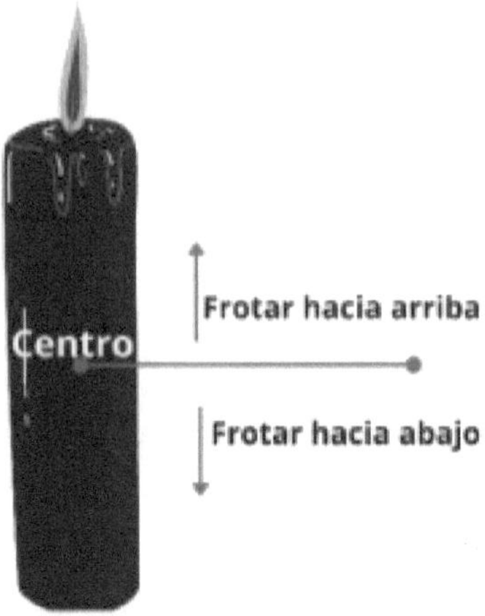

5. Tritura un poco las hierbas con la ayuda de tus manos o con un mortero y esparce las hierbas en el mismo sentido en que untamos en aceite.

6. Por último realiza la consagración de tu vela vestida como te explico a continuación:

- Habilita un espacio sagrado para este momento ya se tu altar o un espacio muy personal para ti.

-Piensa en el propósito por el cual has creado esta vela, mientras piensa en ello pasa sobre tu vela en el sentido de las manecillas del reloj incienso tres veces.

-Frota las palmas de tus manos por unos minutos concentrándote en esta acción, esto permite abrir tus centros de energía y visualiza un rayo blanco que sale desde tu entre cejo y corazón y llega hasta tus manos representando la iluminación de la divinidad.

-Toma la vela entre tus manos comienza a visualizar como la esa luz ilumina tu vela, levántala sobre tu cabeza. Al tenerla sobre tu cabeza, es momento de decir estas sencillas palabras:

"Yo consagro esta vela para...... (Decir el propósito)

Que el poder de la madre tierra y los espíritus que habitan en cada una de las hierbas que he utilizado la purifiquen y me ayuden a cumplir con el propósito por la cual está siendo consagrada.

- Continua con la vela entre las manos tomate un tiempo más para imaginarla encendida y como esa luz te va mostrando como logras cada uno de tus propósitos.

Puedes encender las velas cuando sientas intuitivamente o en los días en que puedas potenciar la energía de las runas como puedes ver a continuación:

Runa del sol: domingo

Runa de la luna: lunes

Runa de los anillos: viernes

Runa de las lanzas cruzadas: martes

Runa de la mazorca de maíz: jueves

Runa de la cicatriz o la hoz: sábado

Runa de la serpiente o las olas: sábado

Runa de las aves: miércoles

Runa del ojo o la visión: lunes

Runa del hombre: domingo

Runa de la mujer: lunes

Runa de la estrella: jueves

Runa del romance: viernes

CAPITULO V

Limpieza y carga de las Runas

Existen distintas formas de limpiar y cargar nuestras runas, estas limpiezas deben realizarse al terminar una lectura o periódicamente ya que de esta manera las limpiamos de energías de baja vibración que estas puedan captar de las personas como de los ambientes y así mismo cargarlas de energía espiritual a través de elementos y otras fuentes de poder tanto divino y energético.

A continuación, te presentare varias formas en las que puedes realizarlo:

1.Sahumar con atados de hierbas

Las hierbas pueden ayudar a limpiar nuestras runas al terminar una lectura, entre las cuales podemos mencionar a la ruda, el laurel, el pino, la canela, el clavel, el eucalipto, el palo santo entre otros.

Para realizar tu atado de hierbas necesitas:

3 ramas de lavanda

3 ramas de salvia

3 ramas de ruda

3 ramas de canela

Tijeras.

Cordón o hilo de fibra natural (por ejemplo, yute)

Un incensario, sahumador o un cuenco de cerámica.

Procedimiento:

Ya seleccionadas las hierbas, realiza el despertar de los espíritus (ver capítulo 4) y junta las ramitas, procura que todas queden al mismo nivel para que al unirlos todas queden iguales. Corta un trozo del cordón que tenga 4 veces la longitud del "atado de hierbas". Has un nudo simple en uno de los extremos del cordón y apriétalo alrededor de los tallos uniendo las ramas de manera compacta.

Con el extremo sobrante del hilo o el cordón, comienza a envolver las ramas firmemente en espiral hacia la parte superior. Acomoda y dobla las ramitas que pueden estar sueltas, envuélvelas entrecruzando el hilo mientras regresas a la parte superior o a la base, luego ata y corta las puntas sobrantes de ambos extremos. Si las hierbas que usaste aún se encuentran frescas deja secar el atado a la sombra durante 15 a 20 días aproximadamente, una vez secos estarán listos para ser sahumados. Por último, realiza la consagración.

Uso del sahumerio

Coloca tus runas sobre el altar, siéntate en una posición cómoda y cierra los ojos, Enciende el atado y visualiza como su humo se eleva limpiando a cada una de tus runas, purificándolas y elevando sus energías y frecuencias. También puedes usar este atado para sahumar el paño y el lugar en el cual realizaste la lectura.

2. Limpiar con una loción áurica

Las lociones áuricas son un gran aliado a la hora de purificar, para su elaboración necesitaras:

- Una taza de agua de luna llena
-Una cuchara de sal marina
- Una cucharada de pétalos del clavel
- Una cucharada de flores de manzanilla
- Cascaras de naranja (Equivalente a una naranja)
- Aceite esencial de lavanda o eucalipto
- Un cuarzo verde
- Alcohol

Preparación

-En un bol de vidrio poner el agua de luna llena y dentro agregar el cuarzo verde y dejarla carga toda la noche. Cuando agregas el cuarzo verde toma un tiempo para poner tus manos alrededor y visualizar como de tus manos surge luz de color blanca platinada que llena de tu energía todo el preparado.

- Al día siguiente saca el cuarzo verde y agrega el agua de luna llena cargada con cuarzo verde en un recipiente que puedas tapar herméticamente, llena el recipiente a la mitad de su capacidad (ya que la otra mitad corresponde al alcohol). Agrega la cucharada de sal marina, mientras las agregas di las siguientes palabras:

"sal purifica, limpia y trae tu energía de liberación "

- Agrega las tres plantas

- Agrega la otra mitad de la capacidad de tu recipiente en alcohol.

- Deja macerar tu preparado por 20 días en un lugar seco y oscuro, después de haber transcurrido estos días, retira las hierbas del agua (usando un colador), envasa tu loción en un recipiente con rociador y agrega 10 gotas de aceite esencial. Por último, realiza la consagración.

Uso de la loción áurica

Rocía con esta loción a tus runas después de una lectura, así mismo como el espacio de trabajo energético, el altar e incluso puedes ponerte de esta loción antes y después de una sección de practica oracular para elevar las frecuencias vibracionales y apertura de la conciencia espiritual, e intuitiva.

3. Polvo de energía espiritual

Para la creación de este polvo necesitas:

Un puñado de hojas de artemisa secas

Un puñado de verbena seca

Un puñado de hojas de ruda

Un puñado de hojas de pino

Una cucharada de sangre de drago en polvo

Un puñado de hojas secas de eucalipto

Una cucharada de sándalo en polvo

Media taza de harina de maíz en polvo

Media taza de avena en polvo

Preparación

El proceso para la fabricación es sencillo se debe realizar el despertar de los espíritus de las plantas (ver capítulo 4). Luego pasamos a triturar en el mortero todas las hierbas hasta lograr un aspecto bastante menudo (en polvo) seguido de esto toma el preparado con tu mano dominante y pide lo que quieres que provoque este polvo. Por último, realiza la consagración.

Uso del polvo

Pon de este polvo dentro de la bolsa o el paño en donde guardas tus runas, también puedes usarlo para sahumar tus runas al igual que para preparar una loción áurica.

¿Cómo consagrar tus preparados con la energía de los cuatro elementos?

Frente a tu altar o un espacio personal ubica los cuatro elementos. Si cuentas con un pentáculo puedes hacer uso de él y ubicar los elementos de la siguiente manera:

Antes de comenzar la limpieza ubica tu preparado en el centro del pentáculo e inicia con el elemento agua

En donde va cada elemento ubica un objeto que lo represente por ejemplo en el aire incienso o sahumerio, en la tierra una piedra, en elemento fuego una vela encendida y en el elemento agua

Una copa, un bol, un cuenco o una concha con agua.

Toma tu preparado y pásalo por cada uno de los elementos diciendo:

Yo limpio y consagro.................. (El nombre de tu preparado) en el elemento Agua para que le brinde el poder de los guardianes del agua - puedes salpicar un poco de agua a la planta.

Yo limpio y consagro.................. (El nombre de tu preparado) en el elemento fuego para que le brinde el poder de los guardianes del fuego

Yo limpio y consagro.................. (El nombre de tu preparado) en el elemento tierra para que le brinde el poder de los guardianes de la tierra

Yo limpio y consagro.................. (El nombre de tu preparado) en el elemento aire para que le brinde el poder de los guardianes del aire

Al terminar esta parte volver a poner tu preparado en el centro del pentáculo, frota tus manos por un momento, colócalas alrededor del preparado y visualiza como de tus manos salen rayos de luz que lo iluminan.

Apéndice I

Runas de las Brujas y su utilización en la conformación de Sigilos

En la práctica mágica de creación de sigilos es muy común ver que se utilizan distintos simbolismos que son afines al propósito y que pueden potenciar o focalizar mejor nuestra intención mágica, por ejemplo, podemos ver en sigilos donde se utiliza el simbolismo de planetas.

También resulta muy útil el utilizar las Runas de las Brujas para enfocar mejor nuestra intención mágica y atraer la energía de la Runa a nuestro sigilo.

En este aspecto las Runas Bruja no actúan con su carácter predictivos sino con su carácter energético simbólico. A continuación, veremos una a una para dejar claro lo que cada Runa puede aportar a un sigilo.

El Sol: se utiliza de empoderamiento personal y centralidad. El sol es el centro del universo por lo cual nos ayuda a atraer la centralidad a nuestras vidas. También es una energía que nos aporta liderazgo y decisión para llevar adelante nuestros proyectos. A la vez, es utilizado para buscar la bendición solar y protección.

La Luna: Es incorporada en sigilos de transformación y cambio. La luna nos aporta claridad en procesos de transformación personal y cuando se busca realizar un cambio en la vida. También es utilizada en sigilos para desarrollar la intuición, la videncia, la hechicería y artes mágicas.

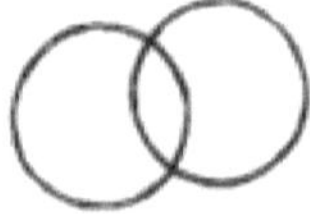

Los Anillos: es utilizada en sigilos donde se busca integrar y consolidar. En proyectos que se encuentran en marcha y se busca consolidar una estabilidad en el día a día. En sigilos que se busca consolidar un cambio o crecimiento personal.

Las lanzas cruzadas: es muy poco utilizada en sigilos debido al alto grado de fricción que contiene, pero si es cierto que en situaciones que se requiere un destape para poder re comenzar, esta Runa puede ser muy útil, por ejemplo, cuando en un grupo de trabajo hay mucha energía negativa contenida y se encuentran en una situación donde no se resuelve, pero tampoco se puede avanzar.

La Mazorca de Maíz: Es utilizada en sigilos de abundancia para atraer esta energía o acompañar pedidos de prosperidad. Es muy común que se grabe 3 ramas o 3 veces esta Runa, para marcar el sentido triple de expansión de la abundancia.

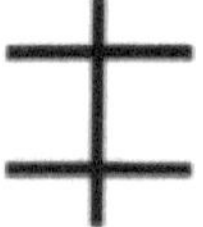

La Cicatriz: es utilizada en sigilos para cerrar heridas de la vida. Para poder sanar situaciones o dejar atrás adiciones.

Se la graba en sigilos de sanación para marcar el cierre de la herida y reafirmar el compromiso personal de auto-sanación personal.

La Serpiente: es utilizada en sigilos de sanación. Cuando una persona está en un proceso de recuperación de salud, sanación espiritual o mental, la Serpiente es una poderosa aliada para acompañar la recuperación progresiva.

Las Aves: es utilizada en sigilos de expansión del conocimiento, búsqueda de sabiduría, mejora la comunicación y apertura de oportunidades.

Para personas que están realizando estudios avanzados de algún tema, las Aves en el sigilo proporcionan una fluidez en el aprendizaje de conocimiento. Como también al reflexionar conceptos recientemente incorporados.

Para aquellas personas que tienen problemas de comunicación o expresión, las Aves en los sigilos aportan fluidez de palabras y claridad en la expresión.

En sigilos de proyectos que se está buscando una expansión, se utiliza para atraer dichos mensajes que puedan aportar oportunidades de crecimiento.

El ojo: es utilizado en sigilos para el desarrollo de dones mágicos como la videncia, la premonición, los sueños lucidos, la magia oracular.

Siempre acompaña a los sigilos de practicantes de la magia que están buscando desarrollar o incrementar sus dones.

La Mujer: es utilizada en sigilos que se busca conectar con lo sagrado femenino, Divinidades femeninas o desarrollar cualidades femeninas.

Es muy utilizada en sigilos donde se busca conectar con la energía de la Diosa o cuando el pedido se envía a ella.

El Hombre: es utilizada en sigilos que se busca conectar con la energía sagrada masculina.

Para despertar cualidades masculinas o en sigilos que los pedidos requieren de esta energía.

También se utiliza en sigilos que el pedido está vinculado con la energía del Dios.

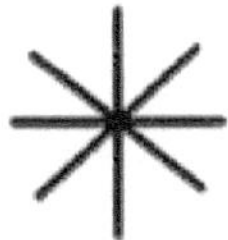

La Estrella: es utilizada en sigilos destinados al propósito de vida, a la búsqueda del camino personal.

La estrella brinda la bendición estelar de la estrella primordial, la estrella madre de donde todo alguna vez vino.

El Romance: es utilizada en sigilos de Amor principalmente. Cuando se busca despertar el amor o que se manifieste una nueva relación o incluso vibrar en la frecuencia amor.

Además, es utilizado en sigilos que su intención tiene que ver con el amor propio.

Apéndice II

Distintas formas de grabado

Runa del sol

Runa de la luna

Runa de los anillos

Runa de las lanzas cruzadas

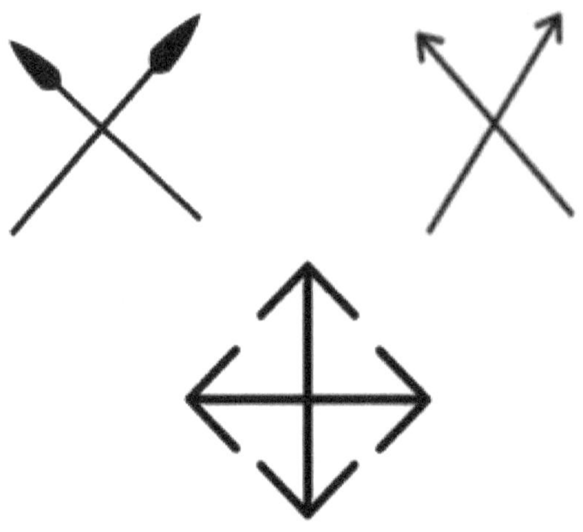

Runa de la mazorca de maíz

Runa de la cicatriz o la hoz

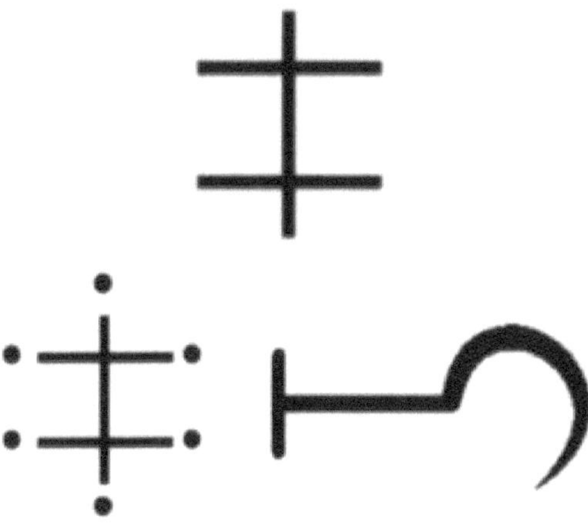

Runa de la serpiente o las olas

Runa de las aves

Runa de la visión o la videncia

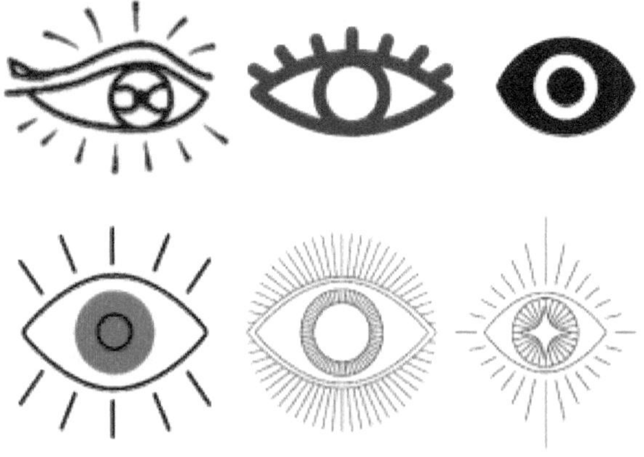

Runa del hombre

Runa de la mujer

Runa de la estrella

Runa del romance

Did you love *Runas de las Brujas Nivel Avanzado*? Then you should read *Servidores mágicos y Egrégors*[1] by Juan Marcos Romero Fiorini!

[2]

Este curso-libro busca introducir al practicante en el arte de la creación y trabajo mágico con los Servidores, los cuales son un extraordinario recurso para el trabajo mágico que toda bruja o mago posee.Los Servidores Mágicos, cumplen funciones muy variadas, desde proteger al practicante de otros magos o brujas, como ser una guía en el astral, realizar limpieza de energías, potenciar actos mágicos, etc.Para poder comenzar a trabajar con los Servidores y comenzar a darles forma, antes debemos reconocer que son los Egrégors, de que se alimentan y cuales se encuentran actuando en nuestra vida.Este curso libro contiene vídeo clases donde abordamos cada uno de estos temas para generar mejor comprensión de cada concepto y para acompañar al practicante

---

1. https://books2read.com/u/3RXP6j

2. https://books2read.com/u/3RXP6j

a lo lardo de todo el proceso de creación de Servidores Mágicos y Egrégors.Este Libro contiene en la última página un código de ingreso a la plataforma "google clasroom" donde encontraras las clases en vídeo.ÍndiceEgrégorVídeo Clases completa de EgregorsEgrégor: Origen de la palabra¿Qué es un Egrégor?Los EgrégorGestaciónComposiciónExistenciaCiclo de un EgrégorCrear tu EgrégorPasos para Intencionar un EgrégorAlimentar un Egrégor¿Los Egrégor son Buenos o malos?¿Cómo dejar de ser afectado por un Egrégor negativo?Librarse de Egrégor colectivos negativos:Servidores MágicosVídeo clase completa de Servidores MágicosDiferencia entre familiar y servidor mágicosDiferencia entre seres feéricos y servidor mágicosPorque crear un Servidor MágicoServidores MágicosEl ObjetivoEl NombreApariencia y habilidadesAlojamientoAlimentoEl tiempo de vida, deshacer o reabsorber un servidorSigilo ServidorRealizar un Servidor Mágico paso a pasoBautismo del ServidorServidores Mágicos ColectivosIntroducción al enraizamientoEnraizamientoVídeo clase Explicación de CentramientoVídeo clase Centramiento guiadoEncender el fuego sagradoVídeo clase Explicación sobre el Fuego SagradoVídeo clase Forma de encender el fuego sagradoVídeo clase Ademanes de la técnica Encender el Fuego SagradoServidores DevoradoresServidores SusurrantesServidores GuardianesServidores Colectivos de tareas múltiplesEl momento especialEl sistema planetarioLas correspondencias planetarias y sus usos mágicosLa corriente solarLa corriente lunarLa corriente marcialLa corriente mercurialLa corriente de júpiterLa corriente venusinaLa corriente saturninaLas horas planetariasApéndice IPreparado sustituto de la SangrePreparado de sangre de dragónPreparado de vinoCódigo de Google ClasroomJuan Marcos Romero Fiorini(Escritor, Runologo y Esoterista)Es fundador de la "Orden Rúnica Latinoamericana". Es el creador del canal de Youtube "El Oráculo de las Runas" desde el cual brinda material y explicaciones para los estudiantes de Runas. Es escritor de 8 obras literarias de las cuales 5 fueron reconocidas en la "Feria Internacional del Libro" (Buenos Aires). Creador del Festival Mágico Akerra. Actualmente brinda formaciones de Rinología de forma presencial y a distancia

Read more at ordenrunicalatinoamericana.simplesite.com.

Also by Juan Marcos Romero Fiorini

Runas caminando hacia el oráculo
Glosario de Talismanes Runicos
Runas y la magia del ciclo natural
Velas Magia y lectura
Runas de las Brujas
Sahumerios Mágicos Curso - Libro
Magia Oracular : Guía de Formatos de lectura para Tarot y Runas
Herbalismo Mágico: Tomo 1 - Correspondencias
Runas de las Brujas Nivel Avanzado
Sigilos Mágicos Curso - Libro
Runas Brujas Curso-Libro
Oráculo de las Runas Curso - Libro
Lectura de Runas y Tarot Curso-Libro
Recetario Mágico Tomo 1 Lociones Mágicas
Servidores mágicos y Egrégors

Watch for more at ordenrunicalatinoamericana.simplesite.com.